Ferdinand Wüstenfeld

Die Gelehrten-Familie Muhibbí in Damascus

und Ihre Zeitgenossen im XI. (XVII.) Jahrhundert

Ferdinand Wüstenfeld

Die Gelehrten-Familie Muhibbí in Damascus
und Ihre Zeitgenossen im XI. (XVII.) Jahrhundert

ISBN/EAN: 9783743483774

Hergestellt in Europa, USA, Kanada, Australien, Japan

Cover: Foto ©ninafisch / pixelio.de

Manufactured and distributed by brebook publishing software
(www.brebook.com)

Ferdinand Wüstenfeld

Die Gelehrten-Familie Muhibbí in Damascus

Die

Gelehrten - Familie Muḥibbí

in Damascus

und ihre Zeitgenossen im XI. (XVII.) Jahrhundert.

Von

F. Wüstenfeld.

Aus dem einunddreißigsten Bande der Abhandlungen der Königlichen Gesellschaft der Wissenschaften zu Göttingen.

Göttingen,

Dieterichsche Verlags-Buchhandlung.

1884.

Die Gelehrten-Familie Muḥibbí in Damascus und ihre Zeitgenossen im XI. (XVII.) Jahrhundert.

Einleitung.

Die sehr reichhaltigen Biographien des Muḥibbí, aus denen ich schon die Nachrichten über die Çufiten in Süd-Arabien zusammengestellt habe, bieten Stoff für verschiedene Themata, welche ausschliesslich aus ihnen bearbeitet werden können und müssen, weil unsere Kenntniss der Geschichte und der Zustände in Syrien und Arabien im XI. (XVII.) Jahrhundert noch mangelhaft ist, da die nicht zahlreichen Hülfsmittel dafür bisher noch gar nicht bekannt waren oder wenigstens noch nicht benutzt wurden. In der vorliegenden Abhandlung habe ich zunächst versucht die Biographien der Männer aus der Familie des verfassers Muḥibbí in Damascus zusammenzutragen und in einer genealogischen Übersicht zu ordnen, nicht sowohl weil sie eine besonders hervorragende Rolle gespielt hätten, wiewohl mehrere von ihnen die höchsten Ämter bekleideten, als vielmehr weil aus ihr, soweit unsere Nachrichten reichen, in diesem Jahrhundert eine so grosse Anzahl von Gelehrten hervorgegangen ist, wie aus keiner anderen. Ich habe dann den Biographen selbst zum Ausgangspunkt genommen und alles gesammelt, was er gelegentlich über seine eigenen Verhältnisse sagt, da er eine zusammenhängende Lebensbeschreibung über sich selbst nicht gegeben hat, wie etwa Sujûṭí, Täschköprizädeh, Makkarí u. A., und sein Werk selbst habe ich in Bezug auf den Inhalt und die benutzten Quellen einer eingehenden Untersuchung unterworfen, so dass man den Werth seiner Arbeit daraus wird beurtheilen können.

Die Familie hat ihren Namen von dem in der genealogischen Tabelle an zweiter Stelle genannten Muḥibb ed-din Abd el-rahman erhalten, welcher etwa 200 Jahre vor unserem Verfasser gelebt hat; der Urgrossvater Abul-Fadhl Muhammed führt denselben Ehrennamen Muḥibb ed-din »Religionsfreund«, während dessen Sohn mit seinem wirklichen Namen Muḥibballah »Gottesfreund« oder Gottlieb hiess.

Hieran schliessen sich die Verwandten der Muḥibbi mütterlicherseits aus den drei Familien Nâbulusí, Ustuwâní und Minkâr.

In der zweiten Abtheilung folgen dann die übrigen Gelehrten dieses Jahrhunderts, aus denen ich besonders diejenigen ausgewählt habe, welche als Lehrer, Mitschüler oder Schüler mit den Muḥibbí in Verbindung kamen.

Damascus war in jener Zeit noch der Mittelpunkt der Gelehrsamkeit und machte Constantinopel noch den Vorrang streitig. Das Arabische blieb die Sprache der Gelehrten, Gebete und Predigten in den Moscheen wurden arabisch gehalten, Gerichtsverhandlungen arabisch geführt, die alt-arabischen Religions- und Gesetzbücher mussten studirt, mithin auch Unterricht in der classischen arabischen Sprache ertheilt werden. Das ganze Schulwesen und die Unterrichts-Anstalten beruhten auf Schenkungen und Vermächtnissen, die nicht einmal immer von dem Staate verwaltet wurden, und öfter hatte er selbst auf die Besetzung der Lehrstellen keinen Einfluss, zumal in solchen Fällen, wo an eine Stiftung die Bedingung geknüpft war, dass die Lehrer der Familie des Stifters angehören sollten, ihre Stellen also gewissermassen erblich waren. Wo aber solche Bestimmungen nicht bestanden und die Regierung das Besetzungsrecht hatte, da trat auch die Stellenjägerei ein, jeder suchte immer höher zu steigen und eine bessere Pfründe zu bekommen. In den grösseren Städten hatte der Ober-Cadhi das Ernennungsrecht, es musste aber die Bestätigung des Gross-Mufti aus Constantinopel eingeholt werden, welcher dann oft genug anstatt der Vorgeschlagenen seine eigenen Günstlinge einzuschieben wusste. Derjenige Gelehrte, welcher auch das Türkische fertig erlernte, war sicher in Constantinopel nicht nur eine gute Aufnahme zu finden, sondern auch mit guten Stellen bedacht zu werden. Dazu kam für die Begünstigten die Cumulation, so dass, wenn die Besoldung aus einer Stiftung zu gering schien, mehrere Legate einem einzigen überwiesen wurden, zuweilen aus verschiedenen Städten, ja von verschiedenen Ämtern. Es gab indess noch viele wirklich hervorragende Gelehrte, welche einen grossen Ruf hatten und als Lehrer viele Schüler aus weiter Ferne herbeizogen, nur haben sie wenig neues und selbständiges geschaffen, ihre wissenschaftliche Thätigkeit beschränkte sich fast ganz darauf, die gebräuchlichen älteren Werke zu glossiren und zu commentiren. Der Hang zum Mysticismus war unter den Gelehrten ziemlich allgemein verbreitet und selbst unser Verfasser ist nicht ganz frei davon. Im übrigen gewinnt man aus diesen Biographien einen Einblick in manche öffentliche und private Verhältnisse, welche anderweitig noch nicht so bekannt sein möchten, und von einigen Gelehrten werden ganz eigenthümliche Charakterzüge geschildert.

Die zweite Abtheilung ist alphabetisch geordnet und darin sind die Namen der ersten Abtheilung wieder aufgenommen, um sie leichter auffinden zu können. Abweichend hiervon sind die Personen aus einer und derselben Familie von den ältesten anfangend zusammengestellt, indess kehren die Namen aller im Alphabet wieder: alle haben ausserdem fortlaufende Zählung und auf diese beziehen sich die in Parenthesen ( ) eingeschlossenen Zahlen. Um Wiederholungen zu vermeiden ist eine Anzahl von Biographien, die hierher gehört hätten, aber schon früher von mir aus Muḥibbí bekannt gemacht waren, nicht wieder aufgenommen, und es beziehen sich die Verweisungen mit eingeschlossenem (G. —) auf meine Abhandlung über die Geschichtschreiber der Araber und die mit (Ç. —) auf die über die Çufiten in Süd-Arabien.

Stammtafel der Familie Muḥibbí.

Takí ed-dîn
Muḥibb ed-dîn Abd el-rahman
Abd el-châlik
Abd el-rahman
Dâwûd
Takí ed-dîn Abu Bekr
Abul-fadhl Muhammed Muḥibb ed-dîn
1

- Abd el-latîf 2
  - Muhammed Schakîr 3
- Muḥibballah 7
  - Çan'allah 8
  - Fadhlallah 9
    - Muhammed el-Muḥibbí 10
- Abd el-bâki 4
  - Muhammed 5
  - Abd el-ḥeij 6

Erste Abtheilung.

I. Die Familie Muḥibbí.

1. Muḥibb ed-dîn Abul-Fadhl Muhammed ben Abu Bekr ben Dâwûd ben Abd el-rahman ben Abd el-châlik ben Muḥibb ed-dîn Abd el-rahman ben Takí ed-dîn el-'Olwâní el-Hamawí el-Dimaschkí el-Ḥanefí wurde in der Mitte des Ramadhân 949 (23. Dec. 1542) in Ḥamât geboren und erhielt den Unterricht seines Vaters, bis er sich geistig entwickelt hatte und der Vater bei seinen vorgerückten Jahren sich zu schwach fühlte, um für seine weitere Ausbildung genügend sorgen zu können: da schickte er ihn mit einem Empfehlungsschreiben in Versen an den Scheich Abul-Wafâ Muhammed Ibn 'Olwân el-Irbilí, der auch sein Lehrer gewesen war, und bat ihn sich der Leitung seines Sohnes bei seinen ferneren Studien anzunehmen. Ibn 'Olwân übernahm diesen Auftrag und führte ihn in die Rechtswissenschaften ein nach der Lehre des Schâfi'í, bis er zu dem Commentar *el-Bahǵa*[1] kam, wonach er sich zu den Ḥanefitischen Grundsätzen bekannte; indess blieb er in seinen religiösen Ansichten und der Art der Gottesverehrung bis an sein Ende Schâfi'it und von diesem Lehrer Ibn 'Olwân nahm er den Namen 'Olwâní an. Bei dem Nachfolger desselben, welcher in den 70er Jahren des X. Jahrhunderts starb, las Abul-Fadhl den Bochârí bis zu dem Capitel von dem Lesen des Corans am Grabe, erhielt aber von ihm ein Zeugniss über das richtige Verständniss der ganzen Sammlung, welches das Datum vom Ende des Ramadhân 961 trug, und er las dann bei ihm weiter bis zum Ende des Raǵab 962. Hiernach kam der Scheich Ah-

1) D. i. *Decus animarum et summus earum finis in cognitione jurium et officiorum*, ein Commentar, welchen Abu Muhammed Abdallah ben Sa'd el-Andalûsí Ibn Abu Ǵamra († 525) über sein eigenes Buch *Conjunctio finis de initio stuporis et summo ejus termino* geschrieben hatte, worin 300 aus Bochârí ausgewählte Traditionen enthalten waren. Ḥaǵi 1970. 4171. Index Nr. 6268.

med ben Ali el-Jemení nach Ḥamât, welcher in allen Wissenschaften die umfassendsten Kenntnisse besass. Abul-Fadhl verschaffte ihm eine Wohnung in der Nähe seines Hauses und wohnte mehrere Jahre seinen Vorlesungen bei: er las bei ihm den Commentar des Ǵâmí † 898 zu der *Kâfija* des Ibn Ḥâǵib (**Ḥaǵi** 9707 pag. 10), den Commentar zu den Glaubensartikeln und zu der *Schamsîja*, den »langen Commentar« *el-Muṭawwal* (**Ḥaǵi** 12277), einen grossen Theil des Commentars über den *Miftâḥ Clavis* (**Ḥaǵi** 12578) und einen Theil des Commentars zum Beidhâwí, und er hörte bei ihm einen Theil der *Mawâkif*, während Abul-Hudá el-'Aintâbí las. Nach dem Tode der genannten Lehrer reiste Abul-Fadhl nach Ḥaleb, wo er Muhammed Ibn el-Ḥanbalí besuchte, dann nach Ḥimç zu el-Schihâb Aḥmed ben Chalîl el-Utâsí[1]), und von hier nach Constantinopel, wo er in den Kreis der Gelehrten Zutritt erhielt, welche er in vortrefflichen Caçîden feierte. Ihm wurde die Professur an der hohen Schule Caçâ'ïja in Damascus verliehen, er begab sich dahin, hörte noch die Vorlesungen des Scheich el-Islâm el-Badr el-Gazzí über Traditionen und Coranerklärung, und nachdem er sich häuslich eingerichtet hatte, warb er nach einander um die beiden Töchter des Gelehrten Abul-Fidâ Ismâ'îl el-Nâbulusí (11), denn als die ältere noch vor der Hochzeit starb, nahm er die jüngere zur Frau und sie wurde die Mutter des Muḥibballah[2]).

Als der Scheich el-Islâm Muhammed ben Muhammed ben el-Jâs gen. Tschiwî Zâdeh als Ober-Cadhi nach Damascus kam, schloss sich Abul-Fadhl ihm an und begleitete ihn, als er in gleicher Eigenschaft nach Câhira versetzt wurde. Der Ober-Cadhi hatte eine genaue Untersuchung über die Kirche in Jerusalem befohlen und nahm noch den Mufti der Ḥanefiten von Damascus, Aḥmed ben Abdallah gen. Fûri,

1) Er war mit der Familie Muḥibbí weitläuftig verwandt und starb 90 Jahre alt als Mufti von Ḥimç im J. 1004.

2) Dies wird im J. 1000 gewesen sein, da Muḥibballah im J. 1001 geboren wurde, mithin war Fadhlallah schon früher und zwar sehr jung im 16. Jahre verheirathet, weil sein Sohn Abd el-laṭîf schon im J. 966 geboren wurde.

mit sich: die Christen hatten nämlich die Erlaubniss der Regierung, eine Restauration ihrer Kirche vorzunehmen, gemissbraucht. Sie reisten Montag den 18. Scha'bân 978 (15. Jan. 1571) von Damascus ab und fanden, dass die Christen mit den Fundamenten unerhörte Veränderungen vorgenommen hatten: sie hatten die Mauern einer alten Moschee an der Seite der Kirche abgebrochen, das alte Fundament verändert und dann wieder aufgebaut. Der Ober-Cadhi befahl den Neubau zu zerstören, dies thaten die Muslimen unter wiederholten Rufen: Gott ist gross! Das allgemeine Gebet wurde noch im Laufe desselben Tages in der alten Moschee von dem Ober-Cadhi gehalten. Nachdem sie dann noch einige Grabdenkmäler besucht hatten, kehrte Fûrî nach Damascus zurück, während der Ober-Cadhi mit Abul-Fadhl nach Ägypten weiter reiste, und nach einem kurzen Aufenthalte in Gazza, wo sie den Mufti Muhammed el-Timurtâschí (66) kennen lernten, trafen sie Mittwoch den 26. Ramadhân in Câhira ein.

Abul-Fadhl kam hier häufig mit dem grossen Lehrmeister Muhammed el-Bekrí zusammen, sie hielten Unterredungen und wechselten Briefe unter einander, von denen Abul-Fadhl viele in seine Reisebeschreibung aufgenommen hat. Auch andere ältere Gelehrte lernte er kennen und wusste aus ihrem Umgange Nutzen zu ziehen, wie die beiden Traditionslehrer el-Nagm el-Geiṭí Verfasser des *Mi'râg* und el-Gamâl Júsuf ben Zakarîjâ, den Scheich Abul-Naçr el-Ṭablâwí, den Vorsteher 'Alí ben Gânim el-Macdisí; in ein näheres Verhältniss trat er mit dem Malikiten-Cadhi Badr ed-dîn el-Carâfí und mit Schams ed-dîn Muhammed el-Fâridhi, mit denen er schönwissenschaftliche Zuschriften austauschte, welche er gleichfalls seinem Reiseberichte einverleibte. Einen engeren Freundschaftsbund schloss er mit dem Oberarzt el-Sarî ben el-Çâïg, an den er sich hatte wenden müssen, um sich ein Geschwür heilen zu lassen, und welcher auf die Bitte, zu ihm zu kommen, ihm zuerst in einem verbindlichen Billet in Reimen geantwortet hatte.

Nach einem längeren Aufenthalte in Ägypten, während dessen Abul-Fadhl als Cadhi fungirt hatte, reiste er wieder nach Constantinopel und wurde zum Cadhi von Ḥimç, Ḥiçn el-Akrâd, Ma'arra el-Nu'mân,

Ma'arra Maçrîn[1]), Killis[2]) und 'Azâz ernannt. Im J. 993 erfolgte seine Ernennung zum Oberpräsidenten von Damascus und er war zugleich Cadhi el-'askar und Cadhi der Syrischen Carawane, nachher lehrte er als Professor an den hohen Schulen Caçâ'ïja, Nâçirîja-barranîja, Schâmîja-barrânîja und Sultan-Selîmîja und lange Zeit gab er im Namen des Sultans richterliche Urtheile ab und seine Rechtsentscheidungen waren berühmt in den grösseren Städten, denn er war ein ebenso gründlicher Gelehrter als unparteiischer Richter. Seine juristischen Vorlesungen stifteten einen grossen Nutzen und zu seinen Schülern zählen die berühmtesten Männer, wie el-Tâg el-Cattân, die fünf Sonnen (mit dem Ehren-Namen Schams ed-dîn d. i. Sonne der Religion): Muhammed el-Meidânî (84), Muhammed el-Gauchî (80), Muhammed el Îgî (87), Muhammed el-Hammâmî (76) und Muhammed el-Hâdî (67); ferner el-Badr Hasan el-Mauçilî (72), Abd el-rahman el-'Imâdî (35), el-Nagm Muhammed el-Gazzî (G. 569), dessen Bruder Abul-Tajjib (95), el-Schihâb Ahmed Ibn Kûlâksiz (52), Abd el-latîf el-Gâlikî (34), Abu Bekr el-Magribî (58) und Ajjûb el-Chalwatî (56); das Lehrer-Diplom erhielten von ihm zugesandt die Gebrüder el-Burhân Ibrâhîm (46) und el-Schams Muhammed (45), Söhne des Ahmed el-Manlâ el-Halebî, und eine unzählige Menge andere. — Er erlangte eine grosse Berühmtheit und die Historiker und Literaten wie Bûrînî (G. 551), 'Ordhi (G. 572), Gazzî (G. 569), Chafâgî (G. 571), Badî'î (G. 576) sind einstimmig in seinem Lobe.

Seine Studien und Kenntnisse umfassten den ganzen Kreis des Wissens, ganz besonders aber die Coranerklärung, die juristischen Fächer, Grammatik, Sinnsprüche, Rechenkunst, Erbrecht, Logik, Philosophie und die esoterischen Wissenschaften der Vorhersagung zukünftiger Ereignisse und der Wahrsagerkunst aus Zeichen und Linien الزايرجا والرمل. Durch eine angenehme Aussprache, zierliche Wendungen, geschickte Redensarten, die Anwendung ungewöhnlicher aber treffender Ausdrücke

1) Ein Städtchen und District fünf Parasangen von Haleb; im Bulaker Druck Muhibbî I. 280, 17. III. 327, 1 steht Nasrîn; vergl. Jâcût IV. 574.

2) Jâcût IV. 299 Killiz.

und fliessender Verbindungen übertraf er alle, die sich mit ihm messen wollten. Seine Handschrift war vollkommen schön und korrect, und wenn man alles zusammenrechnet, was er in seinem Leben geschrieben hat, so kommt auf jeden Tag eine Lage Papier von zehn Blättern, wobei man noch seine vielen Reisen, die zeitraubenden Geschäfte und stete Bereitschaft als Cadhi und Rechtsconsulent in Anschlag bringen muss.

Unter seinen Schriften, welche eine weite Verbreitung gefunden haben, sind besonders hervorzuheben seine Glossen zu dem Corancommentar, zu der *Hidâja Institutio* und zu den *Margaritae et Splendores*; sein Gedicht über die Jurisprudenz betitelt *Columen Judicum*, welches selten vorkommende Rechtsfragen enthält, ist von den berühmtesten Gelehrten commentirt, wie von Jûsuf ben Abul-Fatḥ ben Mançûr el-Sukeijifí (63), Ismâ'îl ben Aḥmed el-Nâbulusí (11) und dessen Sohne Abd el-Ganî ben Ismâ'îl (12); ein Commentar zu den *Loci probantes in librum Kaschschâf* (Commentar des Zamachscharí) hat den Titel *Revelatio versuum* (oder *signorum*); der Commentar zu dem Gedichte des Cadhi Muḥibb eddîn Ibn Schiḥna *de Sensu interiore et aperto* schrieb er, als er erst sechzehn Jahre alt war; *Iter Aegyptiacum, Constantinopolitanum et Tabrizicum; Sagitta ex adverso obvia*; *Refutatio mendacum*: dazu kommt ein Band mit zwanzig Abhandlungen und Fadhlallah (9) hatte ein Packet von Erlassen gesammelt, welches gegen 40 Papierlagen enthielt. — Er war einer der gelehrtesten Männer seiner Zeit, welcher den grössten Nutzen stiftete. die letzte Vorlesung, welche er hielt, betraf die Worte Sure 13, 41: Siehst du nicht الم تر, dass wir in das Land gekommen sind um seine Gränzen zu schmälern? und er starb Sonntags früh den 23. Schawwâl 1016 (18. Febr. 1608); am Nachmittage desselben Tages wurde in der Omeijaden-Moschee das Gebet für ihn gesprochen, wobei der Ober-Cadhi von Damascus Ibrâhîm ben Ali el-Izniki d. i. aus Nicäa († 1028) zugegen war, dann wurde die Leiche unter allgemeinem Wehklagen der Gelehrten fortgetragen und auf dem Begräbnissplatze vor dem Thore el-Schâgûr der Moschee Garrâḥ gegenüber beigesetzt.

2. **Abd el-laṭîf ben Muḥibb ed-dîn Muhammed el-Muḥibbí** wurde nach einer Aufzeichnung seines Vaters im J. 966 geboren und

von ihm unterrichtet und nahm, als der Vater nach Damascus kam, mit demselben an den Vorlesungen des Badr ed-dîn el-Gazzí Theil, hatte auch noch viele andere Lehrer. Als er ausstudirt hatte, reiste er nach Constantinopel, verweilte dort längere Zeit und erhielt dann eine Anweisung auf eine Einnahme von täglich einem Golddinar aus dem Fiscus zu Mekka und einen Antheil an dem Getreide, welches von Ägypten an die beiden heiligen Städte geliefert wurde. Er begab sich also am Ende des J. 1000 nach Mekka, trat mit dem Fürsten Scherîf Mas'ûd ben Hasan ben Abu Numeij († 1003) in ein näheres Verhältniss, wurde von der fürstlichen Familie sehr geachtet und dichtete Caçîden zu ihrem Lobe; auch verheirathete er sich dort. Indess nach etwa zwei Jahren verzichtete er auf seine Einnahme und kehrte nach Damascus zurück, reiste einige Zeit später wieder nach Constantinopel und wurde zum Cadhi von Ḥamât ernannt, wo er sich ein grosses Vermögen erwarb. Nachdem er von dieser Stelle entlassen war, kam er wieder nach Damascus und liess sich nun bleibend hier nieder; er baute sich das unter seinem Namen bekannte Haus am Markte der Parfümerie-Händler ('Anbarânî) bei dem Thore der Omeijaden-Moschee. Er wurde Professor an der hohen Schule Dhâhirîja und erhielt nach dem Tode seines Vaters im J. 1016 von Ibrâhîm ben Ali el-Izniki, welcher zum zweiten Male von 1015 bis 1017 Ober-Cadhi von Damascus war, die Professur der Schâmîja-barrânîja hinzu, sollte aber dann auf höheren Befehl die erste Stelle an den Cadhi Abd el-laṭîf Ibn el-Gâbi († 1026), welcher desshalb selbst in Constantinopel gewesen war, abtreten, was indess nicht geschah, sie wurde vielmehr bald darauf ungeachtet des Einspruches des Ibn el-Gâbi dem Scheich Muhammed ben Ahmed el-Ḥatâtí aus Ägypten († 1051) übergeben und kam dann an el-Hasan el-Bûrînî (G. 551). Abd el-laṭîf el-Muḥibbí blieb sogar einige Zeit ganz ohne Amt und Einnahme, bis er in die frühere Stelle wieder eingesetzt wurde. — Er bekam eine Unterleibskrankheit und hatte längere Zeit fortwährend Fieber; der Arzt warnte ihn gleich anfangs sich vor zwei Dingen zu hüten, vor blähenden Speisen und dem Beischlaf. Er ass dann auch nur sehr wenig, bis er eines Tages nach seinem Garten ging, sich von Obst und Leckereien eine Mahlzeit herrichten liess und davon mehr als gewöhnlich zu sich nahm; in der folgenden Nacht starb er Mittwoch d. 28. Çafar 1023 (9. April 1614); einige sagen, er sei in dieser Nacht nach dem Beischlaf plötzlich gestorben. Er wurde in einem kleinen Hause begraben, welches er bei den Holzhändlern vor dem Thore el-Schâgûr zugleich mit einer kleinen Elementarschule hatte erbauen lassen, sie liegt am Wege nach dem Begräbnissplatze am kleinen Thore und nicht weit davon entfernt.

3. Muhammed ben Abd el-laṭîf ben Muhammed el-Muḥibbí el-Ḥanefí el-Chalwatí gen. Schakîr wurde im J. 1018 (1609) in Damascus geboren und nachdem er früh seinen Vater verloren hatte, unterrichtete ihn der Scheich Abd el-laṭîf el-Ġâlikí (34), der Mufti Fadhlallah ben 'Ísá el-Bosnawí (59), der Scheich Ali el-Cabardí (57), Abd el-rahman el-'Imâdí (35), el-Nagm el-Gazzí (G. 569), Fatḥallah el-Beilûní (65) und Jûsuf ben Abul-Fatḥ (63); mit dem Scheich Ahmed el-'Osâlí (41) zog er sich häufig in die Einsamkeit zurück und lernte von ihm die Chalwat-Lehre und las beständig die Coran-Abschnitte mit kritischen Anmerkungen. Er besuchte dann Jerusalem und Câhira und machte von hier die Pilgerreise unter Anführung des Emir Ridhwân el-Gifârí († 1066), mit welchem er genauer bekannt wurde und welcher ihn so gern hatte, dass er für alle seine Bedürfnisse sorgte, sodass Schakîr auf der ganzen Reise nur einen Thaler ausgab, welchen er dem Camelführer schenkte. Nach seiner Rückkehr nach Damascus zog er sich ganz in die hohe Schule Kallâsa zurück, welche er aufs schönste wieder herstellen liess, und lebte hier in gänzlicher Abgeschiedenheit, nur dass er gern mit älteren Gelehrten zusammen kam und sich in angenehmer Weise mit ihnen unterhielt, sei es über wichtige Fragen oder über hübsche Gedichte. Er sprach auch Türkisch sehr geläufig, machte selbst viele Gedichte im Volksdialect und unterhielt mit Auswärtigen einen Briefwechsel in Versen. So lebte er froh und vergnügt bei vielem Fasten und Beten, bis er im Çafar 1072 (Oct. 1661) starb.

4. Abd el-bâkî ben Muḥibb ed-dîn Muhammed el-Ḥanefí, ein sehr wohlhabender Mann, starb in Damascus im J. 1027 (1618).

5. **Muhammed ben Abd el-bâkî ben Muhibb ed-dîn Muhammed el-Muhibbí** el-Ḥanefí wurde im J. 1016 (1607) geboren. Seine Mutter Badî'at el-zamân, eine Tochter des Scheich Abd el-Çamid ben Ibrâhîm ben Abd el-Çamid el-'Akkârí Mufti von Tripolis[1]), war eine Halbschwester des Muhibballah (7) und von dessen Vater Muhibb ed-dîn unterrichtet, hatte sich selbst in den Rechtswissenschaften und der Arabischen Sprache vorzügliche Kenntnisse erworben und mit den Gedichten bekannt gemacht, und sie nahm sich nach dem frühen Tode des Vaters der Erziehung des Sohnes an und gab ihm die erste Anleitung, bis er zu den Scheichen Abd el-rahman el-'Imâdí (35) und Abd el-laṭîf el-Gâlikí (34) und anderen Lehrern kam. In den schönen Wissenschaften wurde er von Abul-Ṭajjib el-Gazzí (95) und dem Cadhi Abd el-karîm el-Ṭarâní (32) unterwiesen, dann schloss er sich an den Scheich el-Islâm Abd el-'azîz ben Çarah Tschelebi († etwa 1070), hielt Vorlesungen in der grossen Traditions-Schule und versah als Stellvertreter verschiedene Ämter in Damascus. Er lebte in guten Vermögensverhältnissen, die ihm ein genügendes Auskommen gewährten und führte ein bequemes Leben; Muhibballah verheirathete ihn mit seiner Tochter und er baute sich ein Schloss am Markte el-Raçîf in solider Bauart, welches über die hohe Schule Amînia emporragte, an der Mauer stand eine von ihm verfasste Inschrift in Versen worin die Jahrszahl des Baues 1048 durch die Buchstaben des letzten Halbverses ausgedrückt war:

قصرنا قد زهى برونق حسنه d. i.

Unser Schloss erhebt sich jetzt im Glanze seiner Schönheit.

Dadurch scheint er aber sein Vermögen erschöpft zu haben, denn schon beim Tode seines Schwiegervaters Muhibballah im J. 1047 befand er sich in bedrängter Lage und machte sich Sorgen; er reiste desshalb nach Constantinopel und erhielt (als Besoldung ohne am Platze zu sein) die Stelle als Cadhi von Ba'labekk, dann von Çeidâ (Sidon), so dass er bis zu seinem Tode keinen Mangel hatte. Er starb auf der Rückkehr

1) † 988; der Grossvater Abd el-Çamid war Mufti der Ḥanefiten von Damascus gewesen.

von einer Reise nach Constantinopel im J. 1060 (1650) in Ḥimç und wurde dort begraben.

6. Abd el-ḥeij ben Abd el-bâkî el-Muḥibbí el-Ḥanefí wurde wie sein Bruder von der Mutter unterrichtet und studirte bei denselben Lehrern wie jener. Nachdem er selbständig geworden war, brachte er das von seinem Vater ererbte grosse Vermögen in kurzer Zeit durch und bekam dann seine häuslichen Bedürfnisse von seinem Oheim Muḥibballah (7), bis er eine Anstellung als Vorsteher der Rennbahn und bei der Kriegsreserve erhielt. Er hatte ein schönes Äussere, im Umgange ein angenehmes und entgegenkommendes Wesen und wurde dann zum Professor an der Traditions-Schule Aschrafia ernannt. Als ein Cadhi als Anführer der Pilgercarawane nach Damascus kam, schloss sich Abd el-ḥeij ihm an, wurde mit ihm befreundet, begleitete ihn und versah seine Stelle auf der Reise, indess starb er unterwegs im J. 1073 (1663) auf der Station 'Osfân zwei Tagereisen von Mekka.

7. Muḥibballah ben Muḥibb ed-dîn Muhammed ben Abu Bekr el-Muḥibbí wurde im J. 1001 geboren, welche Jahrszahl der Mufti el-'Imâdí (35) nach dem Zahlwerth der Buchstaben mit den Worten im Munde des Vaters ausdrückte: اذ ولدى طالعه اسعد »dieser mein Sohn wurde unter dem glücklichsten Gestirn geboren[1]). Als sein Vater starb, war er erst 16 (richtiger 15) Jahre alt, behielt aber dessen Wohnung in der hohen Schule Nâçirîja-barrânîja, begann seine Studien unter dessen Schülern, besonders bei Abd el-raḥman el-'Imâdí, und erhielt bald einen geachteten Namen. Er reiste dann nach Constantinopel, erwarb sich die Gunst des Scheich el-Islâm Jaḥjá ben Zakarijâ (105), damals Cadhi el-'askar von Rumelien, und erhielt durch ihn seine Anstellung und die nachfolgenden Beförderungen. Zuerst war er Cadhi der Pilgercarawane, dann Cadhi el-'askar in der Begleitung des Grosswezirs Aḥmed Pascha gen. Kutschuk († 1046), danach Professor an der Derwischia mit dem Range eines Cadhi von Jerusalem, zuletzt wurde er Statthalter von Da-

1) Die Buchstaben ergeben die Zahl 1031 und es ist dies eine Verwechselung mit dem Geburtsjahre seines nachbenannten Sohnes Fadhlallah (9).

mascus mit einem Antheil an der Besoldung aus dem Militär-Etat und er hatte diese Stelle mit einer drei- oder viermaligen kurzen Unterbrechung sechzehn Jahre lang inne. Kurz er erreichte alles, was er wünschte und wurde von keinem harten Schicksalsschlage betroffen, nur dass sein Leben nicht lange dauerte, denn er starb Freitag d. 28. Scha'bân 1047 (15. Jan. 1638) und wurde in dem Familienbegräbnisse am Thore Garrâh beerdigt.

8. Çan'allah ben Muhibballah ben Muhibb ed-dîn Muhammed el-Muhibbí geb. im J. 1037 (1627) war der Liebling seines Vaters, der ihm eine ausgezeichnete Erziehung gab, aber leider! schon starb, als der Sohn erst 10 Jahre alt war, worauf dessen um sechs Jahre älterer Bruder sich seiner mit der grössten Sorgfalt und Liebe annahm und ihn unterrichtete, worin er nur durch zwei Reisen, welche er seines eigenen Fortkommens wegen machen musste, unterbrochen wurde. Er studirte dann sehr eifrig die Rechte bei den Scheichen Ahmed el-Cal'í (47), el-Nagm el-Faradhi (79) u. A. und vicarirte hierauf als Cadhi in mehreren Bezirken von Damascus, bis er im J. 1072 eine Anstellung in Jerusalem erhielt. Nach einer Reise nach Constantinopel wurde er zum Cadhi von Himç ernannt, kam aber von da nach Damascus zu der Zeit, als der gewesene Scheich el-Islâm Muhammed ben Abd el-halím el-Bursawí (68) nach einem mehrjährigen Aufenthalte in den heiligen Städten dahin zurückkehrte, wo er seine Ernennung zum Cadhi von Jerusalem erhielt. Çan'allah begleitete ihn und trat in seine Dienste als sein Stellvertreter in Gazza, kam auch mit ihm nach Damascus zurück, als er abgesetzt wurde und den Befehl erhielt, sich nach seiner Vaterstadt Brûsa zu begeben. Auch dahin begleitete ihn Çan'allah im J. 1086 und nahm seinen Neffen Muhammed el-Muhibbí (10) mit sich, diese beiden reisten aber nach einiger Zeit weiter nach Adrianopel, wo sich der Hof damals aufhielt, und als der Sultan Muhammed sich nach Constantinopel begab, folgten sie ihm dahin. Çan'allah wurde zum Cadhi von Ma'arra Maçrîn ernannt, verfügte sich hin und nahm Besitz von der Stelle, kam dann wieder nach Constantinopel, wurde zum zweiten Male nach Ma'arra geschickt und reiste diesmal in Begleitung seines Neffen

bis Antiochia, hier trennten sie sich und sahen sich nie wieder. Çan-'allah trat sein Amt an, wurde abgesetzt, erschien nochmals in Constantinopel und erhielt die Stelle als Cadhi von Sarmîn, einer Stadt im Gebiete von Haleb auf dem Platze von Sodom, und hier starb er 60 Jahre alt am 8. Ramadhân 1097 (29. Juli 1686).

9. Fadhlallah ben Muhibballah ben Muhibb ed-dìn Muhammed ben Takí ed-dìn Abu Bekr el-Muhibbí wurde Mittwoch d. 17. Muharram 1031 (2. Dec. 1621) in Damascus geboren, erhielt den ersten Unterricht im Coranlesen bei dem Scheich Ahmed ben Schams ed-dìn el-Çaffûrí (54), welcher ihn auch in der guten Aussprache und im Vortragen von Gedichten unterwies; auch lernte er Persisch und Türkisch und eignete sich eine schöne Handschrift an. Dann ging er noch nicht zwölf Jahre alt zu dem Scheich Abd el-latîf el-Gâlikí (34), begann bei ihm die juristischen Studien und war in dem Alter, wo andere anfangen zu studiren, schon vollkommen ausgebildet, schlagfertig im Reden und gewandt im Ausdruck. Als er erst dreizehn Jahre alt war, hatte der Ober-Cadhi von Damascus Ahmed ben Zein ed-dìn el-Mantikí (55) eine Gesellschaft von Gelehrten zu sich eingeladen und Fadhlallah begleitete seinen Vater dahin; der Ober-Cadhi wünschte etwas von dem Knaben geschrieben zu sehen und dieser schrieb aus dem Stegreif auf ein Blatt die beiden Verse:

Du häufst beständig deine Wohlthaten, o Mantikí, da werde ich reich
und denke nur daran, welche Bürgschaft für das Versprechen der Bezahlung ich geben,
Und wann ich den Dank für deine Güte beweisen kann,
die du fortwährend mir durch Worte vollauf erzeigst.

Der Ober-Cadhi wunderte sich aufs höchste, wie schön diese Gedanken auf die augenblicklichen Umstände passten, und setzte darunter die Verse, welche der Scheich Takí ed-dìn el-Subkí († 756) auf seinen Sohn gedichtet hatte:

Ich sehe, dass Gott meinen Sohn mit guten Anlagen reich begabt
und mit Vorzügen und Kenntnissen von Jugend auf vollkommen ausgestattet hat.
Ich werde meinen Herrn loben, wenn ich mit einem ähnlichen beschenkt werde,

und dies ist eine Wohlthat, die er, wem er will, erzeigt[1]).

Einst wurde Fadhlallah zu einem Gastmal gebeten, es war in der Sommerzeit und er erschien mit einem Fächer in der Hand, da sagte der mitanwesende Philolog Aḥmed ben Schâhîn (53), der etwas schielte: »el-Muḥibbí kommt zu uns mit zwei Fächern«; er meinte den wirklichen und seinen langen Bart. Als dies Fadhlallah erfuhr, erwiederte er: »Er sieht doppelt, es ist in Wahrheit nur einer«. Er war sehr zu Scherzen geneigt, wenn er mit einigen seiner Freunde allein war.

Als sein Vater starb, war er erst sechzehn Jahre alt und trat in den Dienst des Gelehrten Abd el-rahman el-'Imâdí (35), an dessen Licht er seine geistigen Anlagen entzündete, aus dessen tiefer Gelehrsamkeit er schöpfte und dessen Schreibart er sich zum Muster nahm, bis er ihn im Stil mit untermischten Versen nicht nur erreichte, sondern in der Prosa durch gewandten Ausdruck und neue kunstvolle Wendungen noch übertraf. Die Traditionen hatte er unter Nagm ed-dín el-Gazzí (G. 569) studirt, welcher ihm im J. 1048 ein allgemeines Licentiaten-Diplom ausstellte. Hierauf betrat er den Weg der Türkischen Gelehrten und beeilte sich in demselben Jahre zu dem Scheich el-Islâm Jaḥjá ben Zakarîjâ (105) nach Ḥaleb zu reisen, welcher in dem Gefolge des Sultans Murâd dahin gekommen war; diese Reise hat er in seinem *Iter Halebense* beschrieben. Sein Vater hatte ihm die Einkünfte aus der Derwîschia Schule abgetreten und zuletzt nur die damit verbundene Professur an der Amînia behalten. Im J. 1051 begab sich Fadhlallah in Begleitung des Muhammed 'Içmatî (75) nach Constantinopel, und verfasste danach sein *Iter Constantinopolitanum*; er erhielt eine Stelle an der hohen Schule el-Arba'ín, wurde nach einem Jahre entlassen und kehrte nach Damascus zurück, wo er sich mit schriftstellerischen Arbeiten beschäftigte, unter denen ein weitläuftiger Commentar zu der Âgurrûmia zu nennen ist, worin er feine Sprachbemerkungen machte.

Im J. 1059 trat er in den Dienst des zum Cadhi von Ägypten ernannten Muhammed ben Abd el-ḥalîm el-Bursawí (68), als dieser Da-

---

1) Der letzte Halbvers ist aus dem Coran Sure 5, 59; 57, 21.

mascus passirte, und vicarirte in Câhira für denselben an dem Gerichtshofe der Çâliḥia. Der Cadhi schenkte ihm sein ganzes Vertrauen und schätzte ihn sehr, bis Fadhlallah mit Schihâb ed-dîn Chafâgí (G. 571) Bekanntschaft machte, welcher dem Cadhi verhasst war, weil er einmal ein Pasquill auf ihn gemacht hatte, welches der Cadhi unter den Papieren des Fadhlallah fand. Es kam darüber zu einem Zerwürfniss, Fadhlallah trennte sich von ihm und erschien nicht mehr in den Gerichtssitzungen, blieb aber in Câhira auch nachdem el-Bursawí entlassen war, studirte weiter und besuchte noch die Vorlesungen der Gelehrten an der Moschee el-Azhar, wie Nûr ed-dîn Ali ben Zein el-'Âbidîn el-Mâlikí el-Ughûrí aus der Uferstadt Ughûr el-ward († 1066), Nûr ed-dîn Ali el-Schabrâmallisí, Schihâb ed-dîn Aḥmed ben Aḥmed el-Schaubarí el-Ḥanefí (39), Hasan el-Schurunbulâlí (60) el-Schâfi'í († 1087), u. A., worüber er in seinem *Iter Aegyptiacum* Nachricht giebt. Wegen Kränklichkeit kehrte er dann zu seiner Familie nach Damascus zurück und hier wird er sich im J. 1060 mit einer Tochter des Muhammed el-Ustuwâní (15) verheirathet haben, da ihr Sohn Muhammed el-Muḥibbí (10) im J. 1061 geboren wurde. Er beschäftigte sich fern von geselligem Verkehr mit Schriftstellerei und sammelte ein Buch mit einer Auswahl von Versen, welche ein Secretär zur Abfassung seiner Berichte und Eingaben nöthig hat, nach Capiteln geordnet. Er las medicinische Bücher, zog oft die Ärzte zu Rathe, bis er sich eingehende Kenntniss in der Medicin erwarb, er gebrauchte anhaltend Bäder und lebte sehr vorsichtig, so dass er einige Monate vor seinem Tode gegen seinen Sohn äusserte, er habe seit siebzehn Jahren weder Pflaumen noch Trauben gegessen.

Als der Scheich Muhammed 'Izzatí (104) im J. 1064 als Cadhi nach Damascus kam, wurde Fadhlallah, der ihn mit einer Caçîde empfing, aus seiner Verborgenheit hervorgezogen und sein Loos etwas gebessert, indem er durch dessen Verwendung bei dem Scheich el-Islâm Abu Sa'îd ben As'ad († im Dsul-Ca'da 1072) den Rang (die Einkünfte) eines Cadhi von Âmid erhielt, was für ihn eine grosse Wohlthat war. Auf eine Petition an den mittlerweile zum Mufti ernannten Muhammed el-Bursawí erfolgte, wie wegen des früheren Zerwürfnisses kaum anders zu erwarten war, eine abschlägige Antwort in komischer Form, auf welche Fadhlallah ein Pasquill in ähnlicher Weise folgen liess (68). Nach einiger Zeit am 9. Muḥarram 1073 reiste er in Begleitung des Cadhi Muçṭafá ben Abd el-ḥalím († 1098) zum zweiten Male nach Constantinopel, wo er vier Jahre blieb und mit seinem in Damascus zurückgelassenen elfjährigen Sohne Muhammed eine Correspondenz im höheren Stil in gereimter Prosa und Versen unterhielt. Er hatte gleich anfangs den Cadhi Muhammed el-'Izzatí aufgesucht und rühmt, dass er in ihm einen väterlichen Freund gefunden habe, dem er nie genug danken könne. Er bekam durch ihn die Vertretung des Achi Tschelebi, indess war der damit verbundene Gehalt sehr knapp und ein Freund rieth ihm, sich mit einem Gesuche an den Wezir Aḥmed Pascha el-Fâdhil († 1087) zu wenden; er that dies in einer Caçîde, welche er ihm eigenhändig überreichte, und er erhielt das Versprechen einer besseren Stelle. Indess die Erfüllung liess auf sich warten und während er eines Tages in grosser Aufregung und Besorgniss durch die Gassen des Palastes des Sultans schritt, ging ein Grieche an ihm vorüber, welcher in reinem Arabischen Dialecte vor sich hin die Worte aus einem Gedichte sprach: »Auf diese Zeit folgt sicher eine glückliche Zeit«. Er hielt dies für eine gute Vorbedeutung und nach wenigen Tagen bekam er durch die Vermittlung des Wezirs die Ernennung zum Cadhi von Beirût. Seine Erlebnisse aus dieser Zeit hat er im zweiten Theile seines *Iter Constantinopolitanum* in Gedichten und Berichten geschildert.

Er hielt sich nun nicht mehr lange in Constantinopel auf, sondern eilte nach Damascus, wo er Sonntag d. 1. Muḥarram 1077 (4. Juli 1666) ankam und nach einem Aufenthalte von drei Monaten begab er sich mit seinem Sohne Muhammed nach Beirût. Nach einem Jahre kehrten sie in ihre Heimath zurück, gingen noch einmal auf zehn Monate nach Beirût und nahmen dann ihren bleibenden Aufenthalt in Damascus. Fadhlallah vollendete nun sein Geschichtswerk als Anhang zu des Hasan el-Bûríní (G. 551) Biographien seiner Zeitgenossen, auch sammelte er einen Diwan seiner Gedichte und Musterbriefe. Er starb Dienstag

Vormittag d. 23. Ǵumâdá II. 1082 (27. Oct. 1671); Abends nach Sonnenuntergang wurde die Leichenfeier in der Omeijaden-Moschee gehalten und er wurde in der Familiengruft gegenüber der Moschee Ǵarrâḥ bei seinem Grossvater und Vater beerdigt. — Sein Sohn

10. Muhammed el-amín ben Fadhlallah el-Muḥibbí wurde im J. 1061 (1651) in Damascus geboren und von seinem Vater erzogen. Als er noch nicht vier Jahr alt war, kam Muhammed 'Izzatí (104) als Cadhi nach Damascus, welcher mit dem Vater bekannt wurde und ihm versprach, sich des Sohnes annehmen zu wollen; bei dem jugendlichen Alter desselben und dem nur einjährigen Aufenthalte des Cadhi kann aber von einer eigentlichen Unterweisung in irgend etwas nicht die Rede sein, und wenn ihn Muḥibbí seinen »Ustâd« nennt, so bedeutet das wohl nicht seinen »Lehrmeister«, sondern seinen »gnädigen Herrn«, der erst in der Folge für sein Fortkommen sorgte. Dagegen erhielt er als Knabe den ersten Unterricht von einem intimen Freunde seines Vaters, dem Cadhi Ḥusein ben Maḥmûd el-'Adawí el-Zûkârí (geb. 1018, gest. 1092), welcher ihm auch auf seine Bitte ein Zeugniss über das bei ihm Gehörte ausstellte. — In den Anfangsgründen der Arabischen Sprache im Decliniren und Conjugiren, sowie im Rechnen war der Ḥanbalitische Scheich Abul-Falâḥ Abd el-heij ben Aḥmed Ibn el-'Imâd el-'Akrí (31) sein erster Lehrer, welchem er viel zu danken hatte und welcher, da Muḥibbí wegen Kränklichkeit längere Zeit seine Schulstunden nicht besuchen konnte, ihn regelmässig wie der Arzt einen Kranken besuchte und ihm Unterricht ertheilte, bis Muḥibbí ganz hergestellt war. Auch Muhammed ben Badr ed-dín Ibn Balbân († 1083) war einer seiner ersten Lehrer.

Im J. 1073 reiste der Vater nach Constantinopel und übergab den zwölfjährigen Sohn der Obhut seines jüngeren Bruders Çan'allah, welcher sich desselben aufs liebevollste annahm. Er fing in demselben Jahre schon die höheren Studien an und besuchte die Vorlesungen des Ibrâhím el-Fattâl (61); die Vorträge betrafen die Traditionen, Rechtswissenschaften, Grammatik, Stilistik, Rhetorik, Logik, Metaphysik und etwas vom Çufismus und von den schönen Wissenschaften. So oft später Muhibbí sich wieder in Damascus aufhielt, besuchte er wieder die Vorlesungen des Ibrâhîm, bis dieser im J. 1098 starb und er sagt, wenn er auch noch so wohlklingend sein Lob singen und in noch so lieblichen Worten seinen Dank gegen ihn aussprechen wolle, so würde dies gleichsam nur ein Lüftchen sein, das über die Blumengärten seinen Duft verbreitet, im Vergleich dazu, wenn das Morgenroth den Glanz der aufgehenden Sonne verkündet.

In ähnlicher Weise lobt er seinen Lehrer Muhammed Nagm ed-dîn el-Faradhí (79), bei dem er privatim in der Omeijaden-Moschee die *Âgurrûmia* las, und nachdem dessen Vorträge wegen des Todes seines Sohnes mehrere Jahre unterbrochen gewesen und dann öffentlich bei dem Pult der Hanbaliten wieder aufgenommen waren, nahm Muhibbí wieder daran Theil, als er mit dem Commentar des Châlid el-Azharí († 905) zu den *Fundamenta flexionum finalium* des Ibn Hischâm (**Hagi** 929. 9602) anfing und den Commentar des Taftâzâní († 792) zu den *Flexus formarum* des 'Izz ed-dîn Ibrâhîm el-Zangâní (**Hagi** 8141) darauf folgen liess, und er versäumte nur wenige Vorlesungen. Der Erklärung des Commentars *Muçannaf* d. i. *Opus operatum* von Othmân Ibn Ginní († 392) zu den *Flexus formarum* des Abu Othmân Bekr el-Mâziní († 248. **Hagi** 3039) konnte er wegen seiner Abreise nach Constantinopel nur bis zu dem Capitel *Exceptio* beiwohnen. — Mit dem Scheich Ahmed ben Muhammed el-Çafadí, Vorsteher der Derwîschia, stand er seit dem J. 1074 bis zu dessen Tode im J. 1100 in freundschaftlichem Verkehr. Die Traditionen hörte er noch besonders bei Muhammed el-Haçkafí (69).

In der Logik, Dialektik und Mathematik war Mahmûd el-baçîr el-Çâlihí († 1081) sein Lehrer, welcher in der Mathematik den Unterricht des Ragab ben Husein el-Hamawí († 1089) genossen hatte und dessen Methode befolgte, die in den Büchern vorkommenden mathematischen Figuren in Wachs nachzubilden. — Bei Abd el-câdir ben Bahâ ed-dîn Ibn Abd el-hâdí el-'Omarí (29) las er mit seinem Mitschüler und Freunde Muhammed ben Muhammed, nachmals Cadhi der Malikiten, den Commentar des 'Adhud ed-dîn Abd el-rahman el-Îgí († 756) über das Compendium des *Summus terminus desiderii et spei de doctrinis principiorum et topicae* des Gamâl ed-dîn Othmân Ibn el-Ḥâgib († 646. **Ḥagi** 13126), dann folgte der Commentar des 'Içâm ed-dîn Ibrâhîm el-Isfarâïnî († 944) zu desselben 'Adhud ed-dîn *Tractatus de constitutione verborum primitiva* (**Ḥagi** 6413), und Muḥibbí las noch einen Commentar, welchen Abd el-câdir selbst zu dem erstgenannten Compendium verfasst hatte.

Während des vierjährigen Aufenthaltes des Vaters in Constantinopel bestand eine lebhafte Correspondenz, welche der Sohn in Versen und gereimter Prosa begonnen hatte und der Vater in gleicher Weise führte, bis dieser im J. 1077 eine Anstellung in Beirût erhielt, wohin ihn der Sohn begleitete. Sie kamen von da öfter zeitweise nach Damascus und trafen hier z. B. Mitte Scha'bân 1078 (Ende Jan. 1668) mit Abdallah ben Seifallah Ibn Sa'dí, einem alten Bekannten des Fadhlallah, zusammen, welcher auf der Reise nach Mekka begriffen war, um dort die Stelle als Cadhi zu übernehmen[1]). Im J. 1081 benutzte Muhammed die Gelegenheit, den Vorträgen des auf der Durchreise begriffenen Ibrâhîm el-Chijârí (G. 579) über den Anfang der Traditions-Sammlung des Bochârí beizuwohnen, und er liess sich darüber von ihm ein Zeugniss ausstellen, welches vom 2. Ragab 1081 datirt war. Nicht lange nachher reiste er nach Constantinopel um seine Studien zu vollenden, und er war daher beim Tode seines Vaters wahrscheinlich nicht in Damascus.

Muhammed Ibn Beirâm 'Izzatí war inzwischen im Anfange des J. 1079 zum Cadhi el-'askar in Anatolien ernannt, und da er an das dem Vater Fadhlallah in Damascus gegebene Versprechen, in Zukunft sich seines Sohnes Muhammed annehmen zu wollen, erinnert wurde, konnte er ihm jetzt in seiner höheren Stellung eine Anweisung auf ein Stipen-

1) Dieser Ibn Sa'dí litt an übermässiger Hitze, sodass er mitten im Winter bei strenger Kälte in blossem Kopfe sass, von welchem der Dampf aufstieg wie aus einer Badewanne, wobei er noch beständig Schnee verlangte, den er mit Begierde aufass. Er hatte häufig Unterredungen mit Fadhlallah, sie standen in einem lebhaften schriftlichen Verkehr und schickten sich gegenseitig Caçiden zu; er starb in Mekka 50 Jahre alt im Anfange des J. 1079.

dium von 25 'Othmânis (etwa 3½ Mark) täglich aus der hohen Schule Lâmi'í in Brûsa zuwenden, die er ihm von Janischehr aus, wohin er sich im Dienste des Sultans Muhammed begeben hatte, zusandte, und nach einiger Zeit folgte eine zweite Anweisung auf 30 'Othmânis' aus der hohen Schule des Choga Cheir ed-dîn. Nachdem er sich dann wieder eine Zeit lang in Damascus aufgehalten hatte, reiste er am 8. Çafar 1086 in Begleitung des Mufti Muhammed ben Abd el-halim (68) nach Brûsa und von da weiter nach Adrianopel zu seinem Gönner dem Cadhi Ibn Beirâm 'Izzatí, der ihm bei sich eine Anstellung gab. Er hatte hier mehrmals Unterredungen mit dem dortigen Obercadhi Muhammed († 1087), worin dieser sehr eingehende Erklärungen über Stellen aus dem Coran machte, von denen sich Muhibbí manches aufschrieb. Er folgte dann dem 'Izzatí, als er wegen Kränklichkeit seine Entlassung genommen hatte, nach Constantinopel. Hier lernte er den gelehrten und geistreichen Abd el-bâkî ben Ahmed Ibn el-Sammân kennen, welcher auch aus Damascus stammte, in besonderer Gunst bei dem Sultan Muhammed stand und damals die Professur an der Fathia bekleidete, womit ein sehr bedeutender Gehalt verbunden war. Die angesehensten Männer suchten seinen Umgang, auch 'Izzatí hatte sich an ihn gewandt und erhielt von ihm, ausserdem dass er für alle seine Bedürfnisse sorgte, noch reiche Geschenke. Zwischen Abd el-bâkî und Muhibbí entspann sich ein sehr freundschaftliches Verhältniss, sie kamen öfter zusammen, unterhielten sich über wissenschaftliche Fragen und disputirten darüber, oder sie machten Gedichte aus dem Stegreif. Einmal unternahmen sie in einem Kahn eine Vergnügungsfahrt auf dem Meere bei dem Vorgebirge Beschiktâsch nicht weit von Galata, sie kamen auf die verschiedenen Arten und Namen der Schiffe zu sprechen, unter anderen auf *gorâb* »Rabe«, das lange Schiff, welches mit Rudern fortbewegt wird. Abd el-bâkî bemerkte dabei, dass diejenigen irrten, welche meinten die Benennung sei aus dem Türkischen genommen, indem *cádirga* »Galere« für *cârga* »Rabe« gehalten sei; die Benennung »Rabe« sei vielmehr von der schwarzen Farbe hergenommen und die Ruder mit den Flügeln verglichen. Muhibbí fand diese Erklärung sehr passend und sah sie später auch bei el-Schihâb el-Chafâgî (G. 571) in dessen Buche *Stragulum consessuum*, wozu der Herausgeber des Muḥibbí am Rande bemerkt, dass dieses Buch in Cahira (1876) gedruckt und mehr über »Rabe« in dem gleichfalls in Cahira (1874) gedruckten Werke (desselben Verfassers) *Sanatio sitientis* pag. 162 zu lesen sei.

Wenige Tage vor seinem Tode begegnete Abd el-bâkî ein merkwürdiger Vorfall. Der Grosswezir Muçṭafá Pascha, der ihm wohl wollte, und ihm schon mehrere Stipendien verschafft hatte, verwandte sich für ihn noch bei dem Mufti und dieser verlieh ihm eine Professur an einer der acht Schulen und ernannte ihn einen Monat später auch noch zum Professor an der hohen Schule des Zâl Pascha in der Vorstadt Ajjûb, worüber er eine grosse Freude hatte. Muḥibbí war gerade bei ihm, als Rifkí, der Professor an der Schule des Ibrâhîm Pascha in Galata, kam um ihm zu der Ernennung Glück zu wünschen. Nachdem er damit zu Ende war, bemerkte er weiter, diese Schule des Zâl Pascha sei dafür bekannt, dass sie mancherlei Glück bringe, unter anderen sei noch kein Professor gestorben, so lange er bei derselben im Amte geblieben sei. Muḥibbí wunderte sich darüber und dachte, nun würde wohl einer der Professoren derselben den Anfang machen und sterben, und er verliess die Versammlung. Zwei Tage nachher bemerkte er ein Blatt Papier auf seinem (Abd el-bâkîs) Tintenfasse und bei näherer Betrachtung sah er, dass darauf der Anfang zu einer Caçîde gemacht und einige Reimworte aufgeschrieben, aber nur der erste Vers vollständig war, welcher lautete:

Siehst du nicht, dass die Sorge aufgehört hat mit Zâl,
er hat uns gute Hoffnungen gegeben und Erfolge.

Muḥibbí wurde in seiner Meinung über ein schlechte Vorbedeutung bestärkt durch den Ausdruck *zâla* »aufgehört hat« *bizâla* »mit Zâl«, verliess indess Abd el-bâkî gegen Abend im besten Wohlsein. Am frühen Morgen kam von diesem ein Diener um Muḥibbí herbeizurufen, da Abd el-bâkî in der Nacht an der Pest erkrankt sei. Er eilte hin und als er bei ihm eintrat, sah er, dass die Zunge schon gelähmt und der Tod nahe sei, und er starb in der folgenden Nacht Mittwoch d. 27. Schawwâl

1088 (23. Dec. 1677) in dem Alter von 31 Jahren. da er im J. 1055 geboren war; er wurde vor dem Thore nach Adrianopel rechts von der Strasse nach Ajjûb begraben und Muhibbí dichtete auf ihn eine lange Trauerode.

Den Cadhi und Schöngeist As'ad ben Abd el-rahman el-Batrûní († 1093), welcher sich in Constantinopel aufhielt und dessen Gedichte und Satiren Muhibbí gehört hatte, persönlich kennen zu lernen, hatte er lange Zeit keine Gelegenheit, obgleich sie nahe bei einander wohnten, endlich besuchte er seine Gesellschaften, wurde mit ihm näher bekannt und befreundet und dichtete auf ihn eine lange Caçide.

Muhibbí blieb bei dem kranken Ibn Beirâm 'Izzati bis zu dessen Tode am 10. Schawwâl 1092 (104), am nächsten Tage reiste er nach Damascus ab. Hier beschäftigte er sich mit literarischen Arbeiten und erwähnt, dass, als die Nachricht von dem am Ende des Ragab 1096 in seinem Geburtsorte Bischbîsch in Ägypten erfolgten Ableben des Gelehrten Ahmed ben Abd el-latîf el-Bischbischí nach Damascus gekommen sei, er im Kreise seiner Bekannten den Einfall gehabt habe, dass durch den Zahlenwerth der Buchstaben in den Worten مات البشبيشى »gestorben ist el-Bischbîschí« die Jahreszahl 1096 ausgedrückt werde. Im J. 1101 unternahm Muhibbí die Wallfahrt nach Mekka, blieb hier einige Zeit als vicarirender Cadhi, kam dann in Câhira in eine gleiche Stellung und erhielt zuletzt eine Professur an der Aminia in Damascus, wo er am 18. Gumâdá I. 1111 (11. Oct. 1699) starb.

Das Hauptwerk des Muhibbí *Medulla monumentorum de viris insignibus seculi undecimi* ist zu Câhira 1284 (1867) in vier Bänden gedruckt und enthält gegen 1300 Lebensbeschreibungen berühmter im XI. (XVII.) Jahrhundert verstorbener Männer. Als seine Quellen nennt er in der Vorrede: 1) die Chronik des Hasan el-Bûrîní (G. 551) mit dem Anhange seines Vaters Fadhlallah (G. 578); 2) die *Classes Çufitarum* des Munâwí (G. 553); 3) das *Munusculum* des Na'gm ed-dîn el-Gazzi, die Männer aus dem Anfange des XI. Jahrhunderts als Anhang zu seinen *Stellae errantes* oder Biographien aus dem X. Jahrh. (G. 569); 4) die *Arcana in angulis latentia* und das *Chrysanthemum* des Chafâgí (G. 571); 6) die *Recordatio amici* des Badî'í (G. 576); dazu einige Geschichtswerke über Jemen, Bahrein und Ḥigâz. Er fährt dann fort: »Während meines Aufenthaltes in Mekka sammelte ich über einige Männer auch mündliche Nachrichten, die ich mir mit Mühe verschaffte, und wenn es der Zahl nach nur wenige sind, so sind es viele dadurch, dass sie nach allen Seiten hin zur Verbindung der übrigen Hülfsmittel dienen, und zehn solcher sind oft soviel werth als hundert andere und hundert soviel als tausend. Mittlerweile bin ich auch noch auf einige andere Werke gestossen, wie den Anhang des Muhammed el-Schillí zu dem *Lumen dimovens velum de historia seculi decimi* von Abd el-câdir el-'Aidarûs (G. 584) und desselben el-Schillí *Aquatio sitim explens de historia familiae Ba'alawí*, und die aus des Ibn Abul-Rigâl Geschichtswerke ausgezogenen Biographien (G. 583) habe ich gehörigen Orts eingeschaltet. Ich hörte auch von einem Buche, welches Ali Ibn Ma'çûm als Anhang zu dem *Chrysanthemum* des Chafâgí unter dem Titel *Primus expressus succus de poëtis coaetaneis* herausgegeben habe (G. 589) und ruhte nicht, bis ich es mir verschafft hatte. Ein vornehmer Herr schenkte mir den Anhang zu den *Flores anemonae* (des Tâschköprizâdeh), welchen Ibn Nau'í über die Männer des Othmanischen Reiches verfasst hat (G. 562) und ein guter Freund überbrachte mir einen Theil eines Geschichtswerkes des Madjan el-Cançûní (Oberarzt in Câhira ums J. 1044), worin er das Leben berühmter Gelehrten in Câhira beschrieben hat; diese beiden Bücher bewahre ich als zwei zeitige Früchte und zwei mit verbindlichstem Danke angenommene Geschenke. Dies alles habe ich gesammelt und planmässig geordnet und ich habe überall die Geburts- und Todesjahre hinzugefügt, wie ich sie aus den Büchern, die dazu eigens bestimmt sind, entnehmen konnte. — Die Anordnung des Buches ist zur Erleichterung für den, der etwas nachlesen will, was ihm unbekannt und fremd ist, alphabetisch nach dem ersten Buchstab eines Namens, dann nach dem Namen des Vaters oder, wo dieser nicht bekannt ist, nach dem Vor- oder Beinamen, worauf der Heimatsname nach dem Geburtsorte oder der Abstammung folgt, und besonders noch der Secten-Name, und Alles, was ich über die Verhältnisse der erwähnten Männer anführe, ist nur aus jenen Geschichtsbüchern entlehnt, oder wie ich es von zuverlässigen Zeugen gehört habe«.

Aus den obigen Angaben der Quellen gewinnt man nur einen kurzen Überblick der fast ausschliesslich biographischen Werke, welche Muḥibbí zu seiner Verfügung hatte und für seinen nächsten Zweck ausbeutete, er muss aber eine auserlesene Bibliothek besessen haben, da er noch eine doppelt so grosse Anzahl von Büchern nennt, aus denen er schöpfte. Aus Bekrí, Jâcût und Abul-fidâ führt er Citate an zur Erläuterung von Ortsnamen; von älteren Geschichtswerken und Biographien benutzte er zu gelegentlichen Bemerkungen Ibn el-Athîr, Ibn Challikân, Fîrûzâbâdí's Leben Muhammeds *Odor ambari* (G. 464), Fâsí's Geschichte berühmter Männer in Mekka *Monile pretiosum* (Ḥagi 8179), Muhammed el-Ḥanbalí's Geschichte von Haleb (G. 528); aus dem grossen Werke des Muhammed el-Sachâwí (G. 504), der Fortsetzung des Dsahabí, entnahm er die Notiz, dass der Grossvater des Scheich Ahmed ben Abd el-rahman el-Wârithí el-Çiddíkí († 1045) in directer Linie von dem Chalifen Abu Bekr el-Çiddík abstammte, da in jenem Werke der Stammbaum vollständig angegeben sei. Die *Detectio nubis*, genealogische Bemerkungen über die im Thale Surdud angesiedelten Çufiten, von Muhammed ben Abu Bekr el-Aschchar, lieferte einige Nachrichten über die dortigen Gelehrten. Die Çufiten, welche auf ihre Abstammung von Ali ben Abu Ṭâlib oder von Abu Bekr sehr stolz waren, haben ausser den oben erwähnten *Classes Çufitarum* gerade im XI. Jahrh. und schon früher mehrere biographische Werke über ihre Familie geliefert, welche Muḥibbí benutzte, wie *Odor ligni agallochi* von Abu Bekr ben Abul-Câsim Ibn el-Ahdal (Ç. 187); *Series gemmarum purarum de expositione genealogiarum stirpis Ahdalicae* anonym; *Ortus luminum in signis pulchritudinis de expositione stemmatis et benemeritorum familiae Bâgammâl* von Ahmed ben Muhammed Bâgammâl ums J. 1040 (Ç. 153); die Monographie über die Scheiche Ma'rûf und Ibn Sâlim von Muhammed ben Abd el-rahman Bâgammâl (Ç. 152); *Catena de vestimento honorario* von Scheich ben Abdallah el-'Aidarûs (Ç. 60); *Donum aetati obla-*

tum de genealogia nobilium Banu Baḥr von Muhammed ben Ṭâhir Ibn Baḥr[1].

Hierzu kommen noch mehrere allgemeine und Special-Geschichten über einzelne Länder und Städte, Classenbücher und Monographien, wie von Omar ben Abd el-wahhâb el-'Ordhí dem älteren († 1024. **Ḥagi** *Index* Nr. 7180), ein *Târich* von Abul-Wafâ ben Omar el-'Ordhi dem jüngeren (G. 573) betitelt *Fodinae auri* Geschichte berühmter Männer in Ḥaleb; Badr ed-dîn Husein ben el-Çiddîk (**Ḥagi** *Index* Nr. 1844) *Donum temporis de viris Jemanae praeclarissimis;* Muhammed ben Abul-Surûr el-Bekrí (Nr. 552) *Historia praefectorum Aegypti*; Takí ed-dîn el-Gazzí († 1010) *Classes Ḥanefitarum;* el-Scharagí Classenbuch; von Muçṭafá ben Fatḥallah, welchen Muḥibbí mehrmals »den ehrenwerthen Bruder« nennt, besass er eine von dessen Hand geschriebene Sammlung mit Lebensbeschreibungen, wusste aber nicht, ob sie von ihm selbst verfasst oder nur abgeschrieben sei; die Citate daraus betreffen Männer, welche in den Jahren 1048. 1071. 1076 gestorben sind. Aḥmed el-'Agamí (G. 580) sammelte Biographien seiner Lehrer, Maḥmûd ben Aschraf el-Hasaní schrieb eine Monographie über seinen Lehrer Tâg ed-dîn el-Nakischbandí unter dem Titel *Donum viam mysticam ingredientibus oblatum de memoria Tâg el-'ârifîn* (G. 217) und Ramadhân el-'Aṭîfí (91) schrieb das Leben des Muçṭafá el-Muḥibbí (27).

Nachdem das ganze Werk ausgearbeitet war, machte Muḥibbí im J. 1096 die erste Reinschrift; er war einige Tage durch andere Geschäfte am Abschreiben verhindert, als er bis zu dem Artikel Fadhlallah el-'Imâdí (37a) gekommen war, und dieser starb gerade während der Unterbrechung am 25. Ra'gab 1096, so dass er dessen Leben nun noch an seiner Stelle Bd. III. 275 einfügte. In die späteren Abschriften sind noch mehrere Artikel über Gelehrte, die bis zum J. 1100 verstorben sind, aufgenommen, über dieses Jahr ist der Verfasser genau dem Titel gemäss nicht hinausgegangen.

1) Ç. 195 am Schlusse ist zu lesen: — stellte ihm das Diplom über die bei ihm gehörten Vorlesungen aus. Ibn Baḥr ist der Verfasser des *Donum aetati oblatum* — — und anderer Schriften.

Unter den Biographien finden sich Männer aller Stände und Classen: Sultane, Wezire, Paschas, Cadhis, Gelehrte besonders in Damascus und vorzugsweise die Lehrer an den hohen Schulen; aus seinen Sammlungen von Gedichten seiner Zeitgenossen hat Muḥibbí in die Nachrichten über ihr Leben oft ausführliche Proben aufgenommen; auch die Ägyptier und selbst Magribiner sind berücksichtigt und meine Abhandlung über die Çufiten in Süd-Arabien ist ganz aus ihm geschöpft.

Die anderen Schriften Muḥibbí's sind in der Abhandlung über die Geschichtschreiber der Araber Nr. 590 angeführt.

II. Die Verwandten der Muḥibbí mütterlicherseits.

1. Die Familie Nâbulusí.

11. Abul-fidâ 'Ismâ'îl ben Aḥmed ben Ibrâhîm el-Nâbulusí el-Schâfi'í der ältere stammte aus Nâbulus (Neapolis), lehrte zu Damascus an der Moschee des Derwîsch Pascha und seit 984 an der hohen Schule Schâmia-barrania das Schâfi'itische Recht und wurde zuletzt Scheich el-Islâm. Er wird vor dem J. 1000 (1592) gestorben sein, da sonst Muḥibbí ihm als einem Verwandten einen Artikel gewidmet haben würde, denn eine von seinen Töchtern war mit Abul-Fadhl Muḥibb ed-dín (1) verheirathet und die Mutter des Muḥibballah (7). Seinen Schüler Abd el-wahhâb ben Ragab Tâg ed-dîn el-Ḥamawí, einen leidenschaftlichen Schachspieler, der im J. 1015 starb, hatte er als Repetenten für seine Vorlesungen angenommen. — Sein Sohn

12. Abd el-ganí ben Ismâ'îl ben Aḥmed Zein ed-dîn el-Nâbulusí el-Schâfi'í wurde von dem Vater erzogen und trat nach dessen Tode in seine Professur ein, da diese Stelle nach der Bestimmung des Stifters in der Familie erblich sein sollte; auch fiel ihm aus der Erbschaft seines Vaters eine grosse Menge von Büchern und Hausgeräth zu und er lebte Zeit seines Lebens in guten Vermögensverhältnissen. Er hatte recht eifrig unter Schihâb ed-dîn Aḥmed el-Wafâí el-Ḥanbalí

studirt, erreichte aber nicht einen solchen Grad von Gelehrsamkeit wie sein Vater und sein Sohn, indess war er ein fein gebildeter Mann und unterhaltender Gesellschafter und von angenehmem Äusseren. Er starb in der Mitte des Ra'gab 1032 (15. Mai 1623) und wurde bei seinem Vater in dem gemeinschaftlichen Begräbnisse der Familien Muhibbí und Nâbulusí vor dem Thore el-Schagûr in der der Moschee Garrâh gegenüber liegenden Reihe beerdigt. — Sein Sohn

13. Ismâ'îl ben Abd el-ganî ben Ismâ'îl ben Ahmed el-Nâbulusí der jüngere wurde im J. 1017 (1608) in Damascus geboren, besuchte die Vorlesungen des Scharaf ed-dîn el-Dimaschkí (94), Mahmûd el-Kurdí († 1074), Omar el-Cârí (90), Abd el-rahman el-'Imâdí (35), hörte die Traditionen bei el-Na'gm el-Gazzí (G. 569) und studirte das Schâfi'itische Recht, worüber er Glossen zu dem Commentar *Donum* des Ibn Ha'gar über das *Minhâ'g*[1] schrieb; dann wandte er sich der Lehrmeinung des Abu Hanîfa zu und studirte die Rechte bei Abd el-latîf el-Gâlikí el-Hanefí (34). Im J. 1039 fing er selbst schon an in der Omeijaden-Moschee durch Vorträge sich bekannt zu machen, reiste aber dann noch nach Constantinopel, bewarb sich um die Gunst des Scheich el-Islâm Jahjá ben Zakarîjâ (105), hielt Vorlesungen in der Hauptschule und kam dann nach Damascus zurück. Bei einem wiederholten Besuche in Constantinopel erhielt er den Gehalt der hohen Schule Kîmeria in Damascus, machte von Haleb aus die Wallfahrt und wandte sich von Hi'gâ'g nach Câhira, wo er dem Unterrichte des Schihâb ed-dîn Ahmed el-Schaubarí el-Hanefí (39) und des Scheich Hasan el-Schurunbulâlí (60) beiwohnte. Er begab sich von da wieder nach Constantinopel, bekam noch die Einnahme als Cadhi von Çeidâ (Sidon) hinzu und kehrte nach Damascus zurück. Als Jûsuf ben Abul-Fath (63), der Vorbeter des Sultans Ibrâhim, im J. 1056 starb, erhielt Ismâ'îl dessen Professur an der Moschee des Sultans Selîm in Çâlihia im Thale Guta bei Damascus, und da sie ihm nach einiger Zeit wieder abgenommen wurde,

1) Hierdurch wird meine Vermuthung, dass der jüngere Ibn Ha'gar gemeint sei, gestützt. Vergl. die Çufiten in Süd-Arabien, Nr. 201.

ging er nochmals nach Constantinopel und wurde nicht nur wieder angestellt, sondern bekam noch die Einnahme von anderen Lehrstühlen hinzu. Das geschah im J. 1060 und nachdem er jetzt zu seiner Familie zurückgekehrt war, zog er sich aus dem Verkehr mit anderen zurück, um sich ganz dem Gottesdienste und dem Unterrichte zu widmen und war darin unermüdlich. Seine zahlreichen Schüler, zu denen unter anderen Ibrâhîm el-Fattâl (61) gehörte, lernten sehr viel bei ihm; er hatte ein so wunderbar starkes Gedächtniss, dass er z. B. den Commentar des Beidhâwí in der Omeijaden-Moschee aus dem Kopfe dictirte und die Erklärungen anderer Commentatoren ebenso auswendig wusste. Er schrieb viele Bücher, am berühmtesten sind seine *Judicia* als Commentar zu den *Margaritae* (vermuthlich Ḥagi 4987) in zwölf Bänden, von denen er indess nur vier bis zu dem Capitel über die Ehe ins Reine schrieb, wie er überhaupt seine übrigen Schriften nur als Brouillon hinterliess, darunter eine Sammlung von Aufsätzen wie die Einleitungen zu seinen Vorlesungen über die Coran-Exegese, auch zahlreiche Gedichte, indem er z. B. auf einer seiner Reisen nach Constantinopel von Ḥimç ein langes Gedicht nach Damascus geschickt hatte. Er starb Mittwoch d. 27. Dsul-Ca'da 1062 (30. Oct. 1652) und wurde am kleinen Thore auf dem Begräbnissplatze nahe bei der Moschee Garrâh, den seine Familie mit den Verwandten Muḥibbí gemeinschaftlich hatte, beerdigt.

2. Die Familie Ustuwâní.

Die mit den Muḥibbí verwandte Familie Ustuwâní stand in Damascus in hohem Ansehen, da ihre Häupter, die bei den Gerichten als Notare und Protokollführer fungirten, sich durch grosse Rechtschaffenheit und Vermeidung aller Ränke und unnöthigen Weitläufigkeiten auszeichneten.

14. Abul-Çafâ ben Maḥmûd ben Abul-Çafâ el-Ustuwâni, der Grossvater des Muhammed el-Muḥibbí (10) mütterlicherseits, wurde in Damascus geboren und wie seine Vorfahren im Ḥanbalitischen Ritus erzogen, bis er erst im vorgerückten Alter die Rechtsgrundsätze der Ḥanefiten annahm, nachdem er die Vorlesungen des Ramadhân ben Abd

el-ḥakk el-'Akkârí (93) gehört hatte. Er war ein sehr angesehener Secretär und mit mehreren Stellen betraut, wie im Secretariat des Fiscus und der milden Stiftungen, und verband mit einem klaren Verstande und sicheren Urtheile einen schönen Stil in seinen Berichten. Von einem bedeutenden Vermögen, welches er schon in seinen jüngeren Jahren besass, machte er sein ganzes Leben hindurch den besten Gebrauch durch reichliche Gaben an die Armen und andere guten Werke. Er starb im Rabî' I. 1060 (März 1650) und wurde auf dem Platze am Paradies-Thore begraben. — Sein Sohn

15. Muhammed ben Abul-Çafâ ben Maḥmûd el-Ustuwânî el-Ḥanefí geb. im J. 1024 (1615) studirte unter den Scheichen Abd el-laṭif el-Gâlikí (34), Ramadhân el-'Akkârí (93), Muhammed el-Maḥâsiní (99) und trat in die Dienste des Jûsuf ben Abul-Fatḥ (63), der mit seinem Vater sehr befreundet war, und führte dessen Geschäfte in Damascus. Unter dem Ober-Cadhi Muhammed ben Fadhlallah 'Içmatî (75), welcher im J. 1049 nach Damascus kam, wurde ihm die Vertheilung der städtischen Stipendien übertragen und als dessen Secretär zeichnete er sich durch die Abfassung der Berichte in Arabischer und Türkischer Sprache sehr aus. Er wurde dann Professor an der grossen Dhâhiria und nach dem Tode seines Vaters Secretär bei den Stiftungen des Sinân Pascha, und durch sein vielseitiges Wissen stand er in einem solchen Rufe, dass sein Name sprüchwörtlich gebraucht wurde. In seinen verschiedenartigen, aber immer gleichmässigen, schönen Schriftzügen war seine Hand so sicher, dass oft in einem Berichte nicht eine einzige Rasur gefunden wurde. Dabei war er ruhig, schweigsam, gefällig in der Ertheilung von Auskünften und im Umgange freundlich. Mit Fadhlallah el-Muḥibbí (9), welcher sich mit seiner Tochter verheirathete, war er sehr befreundet und dieser dichtete auf ihn eine Caçîde, worin er ihn über den Wezir Muhammed Ibn Mucla, den Verbesserer der Arabischen Cursivschrift, und über el-Makín Ibn el-'Amîd, den Secretär des Sultans Çalâḥ ed-Dîn und Geschichtschreiber stellt. Bei der Schwächlichkeit des Fadhlallah nahm sich Muhammed el-Ustuwâní der Erziehung und des Unterrichtes seines Grossneffen Muhammed el-Muḥibbí (10) an, wel-

cher ihm viel zu danken hatte. Er starb plötzlich im J. 1077 (1666) und wurde am Paradies-Thore begraben.

16. Muhammed ben Muhammed ben Husein ben Suleimân Nâçir ed-Dîn el-Ustuwâni el-Hanbalí[1] war einer der gelehrtesten Schreiber bei dem obersten Gerichtshofe in Damascus und Protokollführer des Ober-Cadhi, und der Scheich el-Islâm Schihâb ed-Dîn Ahmed el-'Aithâwí (42) lobte ihn oft wegen seiner Zuverlässigkeit und Unparteilichkeit. Er war verschwiegen. redete nicht viel und ließ sich in nichts ein, was ihn nichts anging. Er starb im Ragab 1020 (Sept. 1611) und wurde am Paradies-Thore in der sogen. Gruft der Fremden begraben. — Sein Sohn

17. Ahmed ben Muhammed ben Muhammed ben Husein ben Suleimân Schihâb ed-Dîn el-Ustuwâni el-Hanefí geb. im J. 995 (1587) wurde, nachdem er ausstudirt hatte, Schreiber bei dem obersten Gerichtshofe und stieg darin bis zum Vorsteher auf. Er starb 40 Tage nach einem Gastmale, welches er bei der Verheirathung seines Sohnes Hasan gegeben hatte, am 20. Muharram 1043 (27. Juli 1633) und wurde am Paradies-Thore begraben. — Sein Sohn

18. Hasan ben Ahmed ben Muhammed el-Ustuwâni el-Hanefí hatte sich in den Rechtswissenschaften vollkommen ausgebildet und war mit seiner schönen Handschrift um so mehr geeignet, wie seine Vorfahren in den Dienst des obersten Gerichtshofes einzutreten, und nachdem er in die erste Stelle der Notare aufgerückt war, verliessen sich die Ober-Cadhis auf ihn, sein Wort gab den Ausschlag und sie überliessen ihm die Entscheidung der Streitfragen; er stieg so hoch, dass ihm einige Male die Stellvertretung der Richter übertragen wurde. Er war von Natur gutmüthig und wohlwollend und lebte durch sein Vermögen unabhängig, da er vor Verlusten bewahrt blieb. Bei der Verheirathung eines Sohnes und einer Tochter bewirthete er seine Gäste

1) Vermuthlich ist »el-Hanefí« zu lesen, da nach dem Übertritt seines Grossvaters Abul-Çafâ (14) sein Vater und dann auch sein Sohn sich zum Hanefitischen Ritus bekannten.

in einer so grossartigen Weise, wie es in Damascus noch nicht vorgekommen war, und merkwürdiger Weise starb er ebenso wie sein Vater 10 Tage nach der Hochzeit Donnerstag d. 23. Gumâdá I. 1062 (2. Mai 1652) und wurde am Paradies-Thore begraben.

19. Muhammed ben Aḥmed ben Muhammed ben Husein ben Suleimân el-Ustuwâní el-Ḥanefí geb. Montag d. 17. Muḥarram 1016 (14. Mai 1607) war wie seine Vorfahren im Hanbalitischen Glauben erzogen, trat aber, als er zu studiren anfing, zum Schâfi'itischen Ritus über und besuchte die juristischen Vorlesungen der berühmtesten Gelehrten seiner Zeit, wie Schams ed-dîn el-Meidâní (81), Nagm ed-dîn el-Gazzí (G. 569) u. A. Arabische Sprache und Metaphysik hörte er bei den Scheichen Abd el-rahman el-'Imâdí (35), Abd el-laṭîf el-Gâlikí (34), Omar el-Câri (90) und dem Imâm Jûsuf ben Abul-Fatḥ (63), die Traditionen bei Abul-Abbâs el-Makkarí (G. 559), als dieser im J. 1037 nach Damascus kam. Nachdem er dann selbst schon Vorträge in der Omeijaden-Moschee gehalten hatte, reiste er nach Câhira und besuchte noch die Gelehrten Burhân ed-dîn Abd el-salâm el-Lacâní (geb. 971 gest. 1078), Nûr ed-dîn 'Alí el-Ḥalebí, Abd el-rahman el-Jemení (geb. 975 gest. 1050) und Schams ed-dîn el-Bâbilí. Im J. 1039 kam er nach Damascus zurück und hielt mit Nutzen Vorlesungen, gerieth aber mit seinem Lehrer el-Nagm el-Gazzí über etwas in Streit, wesshalb er zur See nach Constantinopel reiste: unterwegs wurde er von den Franken gefangen genommen, und als er wieder in Freiheit gesetzt war, eilte er nach der Residenz, wo er blieb und in gute Verhältnisse kam, da er einträgliche Ämter erhielt und sich verheirathete. Er trat dann zum Hanefitischen Ritus zurück, wurde Vorleser an der Moschee des Sultans Aḥmed und nahm die Gebräuche der Türkischen Mollas an. Von einer im J. 1063 über Damascus unternommenen Pilgerfahrt kam er nach Constantinopel zurück und wurde Prediger an der Moschee des Sultans Abul-Fatḥ Muhammed Chân und wegen des schönen Inhalts und wohl gewählten Ausdruckes seiner Predigten erhielt er einen grossen Ruf und die Leute strömten zu ihm hin. Aber in seinem Eifer erliess er über manche Dinge Verbote, was nicht nöthig gewesen

wäre, sodass fast ein Aufruhr entstand; in Folge dessen wurde er von seinem Amte entfernt und nach der Insel Kypros verbannt. dann erhielt er den Befehl sich nach Damascus zu begeben. Er kam dahin im J. 1067 und hielt in der Omeijaden-Moschee unter der Adler-Kuppel zwischen den beiden Abendgebeten Vorträge über das Vorlesen des Coran und über Homiletik und las den Commentar zu der *Hamzia* ein Gedicht auf Hamza über die lobenswerthen Eigenschaften des Propheten, **Ḥagi** 14425), die Leute, gelehrte und aus dem Volke, drängten sich dazu herbei wegen seiner Gründlichkeit, Deutlichkeit und seiner passenden Vergleiche und aus einer Stadt nach der anderen reisten sie zu ihm.

In Damascus hatten sich einige Missbräuche eingeschlichen, welche el-Ustuwâní ganz abzustellen oder wenigstens zu mildern beschloss, dazu gehörte das Anlegen schwarzer Kleider bei einem Leichengefolge und das laute Wehklagen. Eines Tages, als einer seiner Verwandten, der auch mit der Familie Muḥibbí verwandt war, begraben werden sollte, verabredete er mit seinen Anhängern, dass sie Stöcke unter ihren wollenen Mänteln mitnehmen wollten. Sobald nun der Leichenzug aus dem Ketten-Thore hinaus war und die Weiber ihr Klagegeschrei anfingen, schlugen seine Anhänger auf ein von ihm gegebenes Zeichen auf sie los und gestatteten ihnen nicht den Todtenhof zu betreten. — In der Folge erhielt er die Professur an der Selîmia zu Damascus und widerlegte beim Antritt seines Amtes die gegen ihn erhobene Beschuldigung, dass er sich über den hochgeehrten Scheich Ibn 'Arabí († 638. **Ḥagi** *Index* Nr. 6415) missfällig geäussert habe, durch deutliche Beweise seiner Anhänglichkeit an ihn. Auch die Verwaltung des Krankenhauses in el-Çâliḥia wurde ihm übertragen und durch die Vereinigung mehrerer Stellen stieg seine Einnahme so, dass er sich eine glänzende häusliche Einrichtung verschaffen und ein grosses Vermögen erwerben konnte. Als Schriftsteller hat er sich nicht hervorgethan, es sind von ihm nur einige Aufzeichnungen exegetischen und juristischen Inhalts hinterlassen.

Als die Professur der Traditionen an dem Platze unter der Adler-

Kuppel in der Omeijaden-Moschee durch den am 15. Dsul-Ca'da 1071 erfolgten Tod des Scheich el-Islâm Sa'ûdí el-Gazzí (96) erledigt war, bewarb sich el-Ustuwâní darum, hatte aber in dem Scheich Muhammed ben Tâg ed-dîn el-Maḥâsiní (99) einen Concurrenten: sie trafen sich bei dem Ober-Cadhi und nach einem heftigen Wortwechsel soll es zu schimpflichen Äusserungen zwischen den beiden Bewerbern gekommen sein. el-Maḥâsiní erhielt die Stelle und el-Ustuwâní erkrankte an demselben Tage und starb zwei Wochen nachher Mittwoch Nachmittags d. 26. Muḥarram 1072 (21. Sept. 1661) an einem hitzigen Fieber, el-Maḥâsiní starb indess auch nicht lange danach Mittwoch d. 1. Scha'bân 1072 (22. März 1662).

20. Fadhlallah ben Ali ben Muhammed ben Muhammed el-Ustuwâní el-Ḥanefí war ein Sohn der Schwester der Mutter des Muhammed Muḥibbí (10) und zugleich dessen Schwiegervater, aus dessen Umgange er mancherlei lernte, woran er sich stets dankbar erinnerte. Fadhlallah wurde erster Secretär beim Gerichtshofe der Ober-cadhis und nachdem er eine Reise nach Constantinopel und die Wallfahrt gemacht hatte, hörte er noch im vorgerückten Alter die Vorlesungen des Abd-el-ḥeij Ibn el-'Imâd el-'Akrí (31) und als dieser im J. 1089 starb, ging er zu Ramadhân el-'Aṭîfí (91) und las bei ihm die *Margaritae et Splendores*; da er bei dessen Tode im J. 1095 noch nicht damit zu Ende war, setzte er sie bei Ibrâhîm el-Fattâl (61) fort, nach dessen Ableben im J. 1098 er noch einige Vorlesungen des Abd el-câdir ben Abd el-hâdî (29) besuchte. Er lehrte an den hohen Schulen Chatûnia und Mucaddamia, welche letztere eigens für seine Familie gestiftet war, und er sammelte eine solche Menge werthvoller Bücher und anderer Kostbarkeiten, wie sie keiner seiner Zeitgenossen besass. Nach einer langwierigen Krankheit starb er 56 Jahre alt in den ersten Tagen des Dsul-Ḥigga 1100 (Mitte Sept. 1689) und wurde in dem Familien-Begräbniss der Ustuwâní bei der sogen. Gruft der Fremden am Paradies-Thore beigesetzt.

3. Die Familie Minkâr.

Minkâr »Schnabel« war der Spottname des Muhammed ben Mubârik ben Abdallah el-Ḥusâmí; er hatte nämlich in seiner Küche eine bejahrte Köchin, die er öfter im Ärger, wenn ihm das Essen nicht gut genug war, ausschalt, und als er dies eines Tages gethan hatte, entgegnete sie ihm: wie lange willst du noch deinen Schnabel (d. i. انف Nase) über mich erheben? davon nannten ihn seine Feinde »Schnabel« und der Name ging auf seine Nachkommen über. Dieser Muhammed hiess anfangs Ibn el-Mihmândâr und war ein ausgezeichneter Officier, der im J. 803 das Commando über tausend Mann erhielt; der Sultan von Ägypten Farag ben Barkûk, welcher im J. 808 zur Regierung kam und im J. 815 seinen Einzug in Damascus hielt, hatte ihn zum Statthalter von Ḥamât ernannt und einmal ihm das Commando über seine Armee übergeben. Er stiftete in Ḥaleb und Damascus Legate, welche im Besitz seiner Familie blieben, und aus ihr stammten mehrere ausgezeichnete Männer, sowie auch die Grossmutter des Muhammed Muḥibbí (10).

21. Muhammed ben el-Câsim Schams ed-Dín Ibn el-Minkâr el-Ḥanefí wurde im J. 931 (1525) in Ḥaleb geboren und erzogen, von el-Ridhâ Ibn el-Ḥanbalí unterrichtet und kam im J. 961 nach Damascus, wo er sich bleibend niederliess. Er machte hier Bekanntschaft mit Ismâ'íl el-Nâbulusí (11), el-'Imâd el-Ḥanefí und Manla Asad, und besuchte mit ihnen die Vorlesungen der Scheiche el-'Alâ Ibn el-'Imâd, Abul-Fatḥ el-Baschbîr u. A. Nachdem er ausstudirt hatte, lehrte er an mehreren hohen Schulen und war bei seinem Tode im Besitz des Lehrstuhles an der Caçâ'ia, der Kanzel in der Suleimânia und Selîmia, des Platzes für Vorlesungen in der Omeijaden-Moschee und anderer einträglichen Stellen. Er lehrte nach den Grundsätzen des Abu Ḥanîfa und las unter anderen über Beidhâwí, und unter der grossen Zahl seiner Schüler befanden sich el-Tâg el-Caṭṭân, Ḥasan el-Bûríní (G. 551), el-Schams el-Meidâní (84), Abd el-rahman el-'Imâdí (35), el Schams Muhammed el-Hâdi (67) u. A. Er war mit den verschiedensten Kennt-

nissen vollgepropft, indess war seine Anmassung noch grösser als sein Wissen und er behauptete, wer bei ihm nicht gelesen und seine Vorlesungen nicht besucht habe, der sei kein Gelehrter. Von seinem Lehrer Ibn el-Ḥanbalí sprach er aber mit grosser Achtung und Lobeserhebungen, es geschah indess nur in der Absicht um sich von seinen Zeitgenossen zu unterscheiden, als wenn er durch ihn etwas vor ihnen voraus habe. Mit seinen Freunden el-Nábulusí und Maula Asad gerieth er in Folge ihrer Übungen im Disputiren so in Zwiespalt, dass es zu einer gerichtlichen Klage kam, weil Nâbulusí ihn bei der Ehre angegriffen und für niederträchtig erklärt hatte. So hatte er viel Streit und Zank und liebte es vor den versammelten Zuhörern sich in die Brust zu werfen und gegen andere Gelehrte sich zu überheben, wobei er gern Citate aus alten Dichtern anbrachte, z. B. den Vers des Mutanabbí:

Ich bin der Fels im Flussbett, sobald ich in die Enge gedrängt werde,
und wenn ich rede, bin ich der bewässernde Strom[1]).

Oder eine längere Stelle aus Abul-'Alâ el-Ma'arrí mit dem Verse:

Es sprach el-Suhá[2]) zur Sonne: du bist verhüllt;
und die finstere Nacht sprach zur Morgenröthe: deine Farbe ist dunkel;

wo er bei den Worten »es sprach el-Suhá zur Sonne« mit der Hand auf sich selbst zeigte. — Bei seinem Ehrgeize waren ihm alle verhasst, welche wegen eines Vorzuges gelobt wurden; in der Zeit, als Suleimân Pascha ben Cubâd ben Ramadhân im J. 989 als Statthalter nach Damascus kam, hatte Ibn Minkâr einen Streit mit Muhammed ben Muhammed ben Dâwûd el-Macdisí († 1006) über das Vorrecht, zwischen den beiden Abendgebeten in der Omeijaden-Moschee Traditionen vorzulesen nach dem Muster des grossen Lehrmeisters Muhammed ben Abul-Ḥasan el-Bekrí in Ägypten, worüber ein Spottgedicht auf Ibn Minkâr gemacht wurde.

Die bekannte Geschichte mit el-Nagm el-Gazzí (G. 569) ist in der Kürze folgende: el-Nagm hatte in der Omeijaden-Moschee gepredigt und Traditionen gelesen, als er noch nicht zwanzig Jahre alt war, wo-

---

1) *Mutanabbi* ed. *Dieterici* p. 193.

2) Der dunkle Stern im grossen Bären.

rüber Ibn Minkâr sich ärgerte. Eines Tages während einer Sonnenfinsterniss war er in der Moschee anwesend, der Vorsteher el-Schihâb el-'Aithâwi (42) sprach an dem Pulte der Schâfi'iten das Gebet bei Finsternissen, dann kam der Prediger Scharaf ed-dîn und betete. Nach beendigtem Gottesdienste lies Ibn Minkâr seinen Ärger über el-Nagm und el-'Aithâwí aus, diese beiden traten auf ihn zu und nachdem sie lange hin und her geredet hatten, nahm das Volk gegen Ibn Minkâr Partei, sie jagten ihn fort, sodass er nicht Zeit hatte seine Schuh zu suchen und barfuss und mit einem kleinen Turban durch das Post-Thor davon lief und sie hinter ihm her. Die Sache kam so weit, dass er vor den Ober-Cadhi Muçtafá Ibn Bustân geladen wurde, welcher in Gegenwart des Cadhi Muhammed Muḥibb ed-dîn (1) und el-Schihâb el-'Aithâwí den Streit mit diesem schlichtete. Mit el-Nagm ging die Zänkerei weiter in einer öffentlichen Disputation über eine Stelle aus dem Commentar des Beidhâwí, woraus el-Nagm als Sieger hervorging. el-'Aithâwí schrieb eine lange Abhandlung über das Vorgefallene und da die Sonnenfinsterniss eine so bedeutende gewesen war, dass bei Tage die Sterne sichtbar wurden, sagte ein Schöngeist in einem Halbverse:

Als die Sonne sich verfinsterte, wurde der Stern sichtbar[1]),

welchen el-Nagm selbst in ein Gedicht aufnahm, dessen Anfang die Jahrszahl 998 enthielt: Im Jahre 8 nach 990 Wallfahrten.

Im Ganzen genommen wurde indess Ibn Minkâr von denen, die ihn näher kennen lernten, als ein gelehrter Mann anerkannt und nur durch sein Benehmen hatte er sich Neider und Feinde zugezogen. So stand er auch mit dem Cadhi Muḥibb ed-dîn Muhammed (1) in vielfachem Verkehr und sie hatten öfter Unterredungen mit einander, da sie von Alters her befreundet waren und schon auf der ersten Reise des Muḥibb ed-dîn im J. 976 Briefe in Versen gewechselt hatten. Dieser pflegte auch später, wenn sie zusammen kamen, ihm als den älteren den ersten Platz einzuräumen, wie es in Damascus Sitte und Anstand erforderten. Als er aber wegen der Selbstüberhebung des anderen auf

1) Sonne *el-schams* d. i. Schams ed-dîn »Sonne der Religion« der Ehrenname des Ibn Minkâr; Stern *el-nagm* d. i. Nagm ed-dîn el-Gazzí.

die Seite des Nagm ed-dîn trat, entstand zwischen ihnen beiden eine Spannung, und so oft sie mit Nagm zusammentrafen, machte Muḥibb ed-dîn kein Hehl daraus, dass er es mit diesem halte, bis es in einem anderen Streite mit dem Scheich Muhammed ben Muhammed el-Marzabání († 1014) über die Nachfolge auf dem Lehrstuhle des am 28. Ramadhân 1005 verstorbenen Ahmed ben Suleimân el-Cádirí, wobei Marzabâní durch Muḥibb ed-dîn begünstigt wurde, zum offenen Bruch kam, indem Ibn Minkâr in einem Verse ihn öffentlich lächerlich zu machen suchte und Muḥibb ed-dîn ihm mit gleicher Münze bezahlte.

Nicht lange nachher sollte in der Moschee ein Gebet für den Sultan gehalten werden; bisher hatte bei solchen Gelegenheiten einer von ihnen zur Rechten, der andere zur Linken des Ober-Cadhi gesessen, an jenem Tage kam Muḥibb ed-dîn auf die Einladung des Ober-Cadhi el-Kamâl Ibn Tâschköpri an die Seite, die sonst Minkârí eingenommen hatte, und dieser musste sich unter ihn setzen. Nach beendigtem Gebete erhob sich Minkârí ganz aufgebracht und rief mit lauter Stimme: Du setzest dich über mich und ich bin seit so lange Mufti der Stadt? Muḥibbí erwiederte: Alle hier wissen, dass ich durch die Ernennung des Sultans Mufti bin, du aber gleichst dem, der ohne Befugniss Recht spricht, der Vorrang gebührt also mir. Die Anwesenden gaben ihm recht, drückten gegen Minkârí ihre Verachtung aus und wandten sich unwillig von ihm ab wegen seines schlechten Benehmens. Er verliess die Versammlung in fieberhafter Aufregung, erkrankte vor Ärger und die Krankheit nahm rasch zu, bis er Dienstag d. 21. Schawwâl 1005 (10. Juni 1597) starb: er wurde auf einem kleinen Platze begraben, wo ein alter Gebetpult stand an dem Wege, der nach dem kleinen abgebrannten Marktplatze führt westlich von dem Todtenhofe am kleinen Thore. — Sein Sohn

22. Jaḥjá ben Muhammed ben el-Câsim Scharaf ed-dîn Ibn el-Minkâr war ein tüchtiger Ḥanefitischer Rechtsgelehrter, welcher die Lehren und Überlieferungen des Abu Ḥanîfa gegen andere wohl zu vertheidigen wusste, aber mit dem Benehmen und der Anmassung seines Vaters war er nicht zufrieden und hatte desshalb manche Kränkung

und Demüthigung von ihm zu ertragen, bis er sich seinem Gehorsam entzog, wiewohl er fortfuhr mit Achtung von ihm zu sprechen und seine Fehler mit Ruhe und Bescheidenheit zu erwähnen, sodass die Leute in Damascus sich über seine Mässigung und Selbstbeherrschung wunderten, wenn jener gegen andere sich hart äusserte und seiner Zunge freien Lauf liess. Eines Tages kam sein Vater zu dem Cadhi von Damascus und verlangte, er solle seinen Sohn herbeiholen und züchtigen lassen, und dies geschah in seiner Gegenwart; Jaḥjá reiste sofort nach Constantinopel ab und stürzte sich in eine Lebensweise, die ihn ins Verderben führen musste. Dies erfuhr der Sultan, und nachdem er sich seine ganze Vergangenheit hatte erzählen lassen, liess er ein Decret ausfertigen und an den Gerichtshof in Damascus absenden, wodurch Jaḥjá den weiteren Belästigungen seines Vaters entzogen wurde. Dadurch wurde dieser freilich noch mehr gegen ihn aufgebracht und als er starb, lebte Jaḥjá mit allen seinen Verwandten in Unfrieden und selbst mit seiner Frau, einer Tochter seines Oheims, bis er sich ganz von ihr lossagte. Er erhielt die Professur an der hohen Schule 'Izzia auf der Anhöhe westlich von Damascus, und die Aufsicht über die Schule Mardânia. Er machte zweimal die Wallfahrt, von der zweiten im J. 1018 kehrte er entkräftet zurück; die Leute kamen noch zu ihm, um ihn zu besuchen, und er stand dann von seinem Lager auf und setzte sich, um stark zu scheinen, aber die Kräfte nahmen ab und er starb Mittwoch d. 3. Rabî' I. 1019 (26. Mai 1610) und wurde am anderen Morgen seinem letzten Willen gemäss in der Mardânia begraben. — Sein Sohn

23. Abd el-laṭîf ben Jaḥjá ben Muhammed gen. Luṭfi Ibn el-Minkâr el-Ḥanefí hörte die Vorlesungen über Arabische Sprache bei Hasan el-Bûrînî (G. 551) und über Rechtswissenschaften bei Abd el-rahman el-'Imâdí (35) und Ahmed Ibn Kûlâksiz (52); er erhielt die Professur an der Mardânia und kam in grossen Ruf. Mehrmals reiste er in jüngeren Jahren nach Ḥaleb und Dijârbekr, wenn ihn die Lust dazu ankam, denn er hielt nichts für wohlthuender als das Reisen und die Erholung durch Umherstreifen. Mit den Gelehrten, welche er auf

solchen Wanderungen kennen lernte, unterhielt er dann eine Correspondenz in Versen oder er richtete aus der Fremde poëtische Briefe nach Damascus. Er starb im J. 1057 (1647).

24. Aḥmed ben Muhammed Ibn el-Minkâr hatte bei dem Molla Asad ed-dîn ben Mu'în ed-dîn aus Tabrîz, der sich in Damascus niedergelassen hatte, den Unterricht in der Arabischen Sprache, in Stilistik und Rhetorik genossen und sich schon früh durch seine Kenntnisse vor seinen Mitschülern so sehr hervorgethan, dass er durch seine Klugheit zum Sprüchwort geworden war. Noch nicht 20 Jahre alt verfasste er eine Abhandlung über die Metaphern und den erlaubten Gebrauch derselben, welche er mehreren Gelehrten zusandte, die sie mit Beifall aufnahmen. Er lehrte dann an der hohen Schule Fârisia und machte sich auch durch Gedichte bekannt. Um das von seinem Vater als Cadhi von 'Acabât hinterlassene Vermögen erheben zu können, reiste er nach Constantinopel, wo er bald unter den dortigen Gelehrten so bekannt wurde, dass der Grossmufti Zakarijâ ben Beirâm (102) ihn ganz in ihren Kreis aufnahm. Bei seinem stets artigen Benehmen und im Verkehr mit den hervorragendsten Personen der Stadt fiel es auf, dass er sich doch zu einigen sonderbaren Handlungen hinreissen liess, was sich bald daraus erklärte, dass er erst melancholisch, dann gänzlich geisteskrank wurde und verwirrt sprach, er musste in eine Heilanstalt gebracht werden. Er bestand darauf, dass er in seine Heimath geschickt würde, und ein angesehener Mann aus Damascus der gerade in Constantinopel war, erbot sich ihn mit sich zu nehmen. Er kam mit ihm glücklich nach Damascus, aber die Geisteskrankheit nahm zu, bis er in ein Haus eingesperrt wurde, welches er nur zu Zeiten mit einem sicheren Wächter verlassen durfte. Sein Zustand wurde je nach der Jahreszeit schlimmer oder besser, und als ihn einst sein alter Freund Hasan el-Bûrînî (G. 551) besuchte und ihn sah, wie er gefesselt war und eine lange Kette hinter sich her zog, konnte er vor Trauer und Mitleid die Thränen nicht zurückhalten. In einem lichten Augenblicke recitirte Aḥmed, auf seine Fesseln zeigend, die ihn am Gehen hinderten und ihn wie einen Gefangenen erscheinen liessen, die Verse:

Wenn du Jemand gefesselt nahen siehst,
in einem Thale wie ein Paradies, du Tadler,
So wisse bestimmt, dass wir zu Leuten gehören,
die für das Paradies in Ketten gefesselt sind.

Die Verse sind von el-Wadâ'í und beziehen sich auf einen überlieferten Ausspruch des Propheten: »Dein Herr wundert sich über Leute, welche in Ketten ins Paradies geführt werden«; das sind nämlich die Gefangenen, welche gegen ihren Willen dem Islâm zugeführt werden und dadurch ins Paradies kommen. — In diesem Zustande blieb Ahmed etwa 30 Jahre, bis er in den ersten Tagen des Schawwâl 1032 (Ende Juli 1623) starb.

21. Ob Jahjá ben Omar el-Minkârí zu einem älteren Zweige dieser Familie gehörte, ist nicht ganz sicher. Er hatte zu Constantinopel unter dem nachmaligen Reichsmufti Abd el-rahman ben Muhammed († 1062) studirt, welcher nach einer Wallfahrt im J. 1025 seine Lehrthätigkeit begonnen hatte. Jahjá zog von Anfang an durch seine vortrefflichen Anlagen die allgemeine Aufmerksamkeit auf sich, und da er sich ganz den Gewohnheiten der 'Othmânen anzubequemen wusste, kam er früh zu hohen Ämtern: er lehrte an mehreren hohen Schulen in Constantinopel und seine Einkünfte verbesserten sich bedeutend, als er im J. 1064 zum Cadhi von Câhira ernannt wurde. Auch in dem Gerichtshofe war ein Auditorium, in welchem er über den Commentar zum Beidhâwí Vorlesungen hielt, zu denen sich selbst ältere Gelehrte einfanden, welche bekannten, dass er in der richtigen Erklärung seines Gleichen nicht habe. Hiernach wurde er zum Cadhi von Mekka befördert und er las dort ebenfalls in der Suleimânia über den Commentar zum Beidhâwí; selbst der berühmte Muhammed el-Schams el-Bâbilí aus Câhira († 1077), welcher sich zehn Jahre in Mekka aufhielt, entsprach seinem Wunsche, mit seinen Schülern den Vorlesungen beizuwohnen und er begann mit der Sure (19) Mirjam und zeigte in bewundernswerther Weise, dass er in den verschiedensten Wissenschaften bewandert war und die Erklärung vollkommen durchführte. Er wurde dann als Cadhi

nach Constantinopel berufen, zugleich als Cadhi el-'askar von Rumelien, und endlich zum Mufti befördert; die Jahrszahl des Patentes vom Rabí' I. 1073 ist in den Buchstaben der Worte شيخ الاسلام »Scheich el-Islâm« enthalten; er verwaltete sein Amt mit grosser Umsicht, Klugheit und Unparteilichkeit und war immer thätig. Auch hat er mehrere Bücher geschrieben in verschiedenen Fächern, wie Glossen zu dem Commentar des Beidhâwí, Anmerkungen über die Glossen des Mír Abul-Fatḥ zu den Regeln der Disputirkunst und eine Abhandlung über die Coranstelle Sure 7, 203: »Und wenn der Coran vorgelesen wird, so hört aufmerksam zu«, sie ist betitelt: »Die Befolgung in der Frage über das aufmerksame Zuhören«. Er bekam ein Geschwür an der rechten Hand, sodass er sie nicht bewegen konnte; die dagegen eine Zeit lang angewandten Mittel halfen nichts, er musste sein Amt niederlegen und zog sich nach dem unter seinem Namen bekannten Parke am Vorgebirge Beschiktäsch zurück, starb dort im J. 1088 (1677) und wurde in Üsküdâr an einem Platze den er sich dazu ausersehen hatte, begraben; auch kam sein Sohn seiner letztwilligen Bestimmung nach und baute daneben eine hohe Schule. Das Todesjahr drückte Jemand in einem Verse durch Buchstaben in den Worten aus:

Nun hat die Gnade unseres Herrn (rechne!)
يوم الحبر منقارى erreicht den Gelehrten Minkârí.

25. Es gab in Damascus noch eine ältere Familie des Namens Muḥibbí, welche auch »das Haus des Armee-Inspectors« hiess, weil ihr Ahnherr der Cadhi Muḥibb ed-dîn Salâma unter dem Sultan el-Malik el-aschraf Cânçûh el-Gûri (reg. 906—922) Armee-Inspector gewesen war. Sein Sohn Ibrâhîm starb, als er erst 33 Jahre alt war, während der Vater sich bei dem Sultan in Ägypten aufhielt, und es wurde über seinem Grabe ein Monument errichtet, welches mit dem Grabe des Scheich Cuṭb ed-dîn Arslân in Berührung kam. Dies gab Anlass zu Beschwerden und zu einem Volksauflauf und Kamâl ed-dîn, der Präsident des Gerichtshofes, gab die Entscheidung ab, dass das Monument wieder

entfernt werden müsse, weil es über einem anderen geweihten Grabe errichtet sei, wogegen el-Takwá Ibn 'Aglûn sich gegen die Zerstörung erklärte, weil das ältere Grab seit langer Zeit nicht mehr besucht und die Fundamente desselben allerdings noch vorgefunden, aber nicht entfernt seien, da das neue Monument auf die Fundamente des ersten erbaut sei. Aber auch der Ober-Cadhi Cheir ed-dîn el-Mâlikí sprach sich für die Entfernung aus und der Emir Sîbâi, damals Oberbefehlshaber von Damascus, war bei der Zerstörung zugegen. Unterdess war die Nachricht hiervon nach Câhira gekommen und sobald Muhibb ed-dîn sie erhielt, eilte er nach Damascus und bog von der Hauptstrasse gleich nach dem Grabe seines Sohnes ab, wo die Leute ihn über den Verlust seines Sohnes zu trösten suchten. Er nahm nur von dem Grabhügel einige Knochen, legte sie in einen Kasten, kehrte sofort nach Ägypten zurück und warf die Knochen vor dem Sultan el-Gûrí hin. Was ist das? fragte dieser. Das sind die Knochen meines Sohnes, welche die Angesehenen von Damascus aus seinem Grabe herausgeholt haben, aus keinem anderen Grunde, als weil ich dir ergeben bin. Er schrieb ihm dann die Namen aller bei der Sache Betheiligten auf, selbst el-Takwá Ibn 'Aglûn, wiewohl er gegen die Zerstörung des Monuments gestimmt hatte, damit er als Zeuge gegen die anderen vernommen werden könnte; ausser den genannten Kamâl ed-dîn und Cheir ed-dîn el-Mâlikí war auch Schihâb ed-dîn Ahmed el-Ramlí, Vorbeter in der Omeijaden-Moschee unter ihnen. Mit dieser Liste wurde ein Kammerdiener nach Damascus geschickt, um sie sämmtlich aufzusuchen, sie mussten sich einzeln nach Ägypten begeben und wenn sie bei dem Sultan eintraten, kürzte er ihnen ihre Stipendien, mit Ausnahme von el-Takwá, welcher mehrere Lehrstühle ohne Verkürzung behielt. Als sie alle bei ihm versammelt waren, hielt er ihnen eine Strafpredigt und die Sache wurde hin und her untersucht, bis die Hauptschuld auf dem Cadhi Cheir ed-dîn el-Mâlikí hängen blieb, welcher die Entscheidung über die Zerstörung gegeben hatte. Der Hanbalitische Cadhi von Câhira hatte sein Urtheil dahin abgegeben, dass die Entscheidung über die Zerstörung nicht aufrecht erhalten werden könne. Die Einwohner von Damascus wurden mit einer Geldstrafe belegt', welche über 20000 Dinare betrug; für die Zurückkehrenden trat die Entziehung der Stipendien nach kurzer Zeit ein.

26. Muhammed ben Mançûr ben Ibrâhîm ben Muḥibb ed-dîn Salâma Schams ed-dîn el-Muḥibbí el-Ḥanefí wurde im J. 931 (1525) in Damascus geboren und erhielt, nachdem er sich den Coran fest eingeprägt hatte, den Unterricht in den verschiedenen Lesarten desselben von el-Schihâb el-Ṭajjibí und dem Scheich Hasan el-Çilatí, in der Jurisprudenz war sein Lehrer Nagm ed-dîn el-Bahnasí, Prediger an der Moschee zu Damascus, in den Traditionen sein Vater, die beiden Ägyptier el-Burhân el-Calcaschandí und Abd el-ḥakk el-Sanbâṭí, sowie die Damascener el-Takwâ ben Cadhi 'Aglûn und Kamâl ed-dîn Ibn Ḥamza. Zu seinen Schülern gehörte Abd el-rahman el-'Imâdí (35), dessen Mutter er heirathete; sein Sohn Ibrâhîm, der sich sehr auszeichnete, starb schon im J. 986 erst 33 Jahre alt [1]. Am Ende seines Lebens wurde er schwerhörig, er hielt sich allein zu Hause, las das Wort Gottes und schrieb Bücher, unter anderen einen Commentar zu der *Hidâja*. Er starb im J. 1030 (1621) und erreichte mithin ein Alter von 100 Jahren; ein Lobgedicht des 'Imâdí auf ihn, worin er ihn »die Axe der vorhandenen Geschöpfe« nennt (um die sich alles dreht), schliesst mit der Jahreszahl in den Worten:

بالشام قد مات قطب In Syrien ist eine Axe gestorben.

27. Abul-Gûd Muçṭafá ben Ahmed ben Mançûr ben Ibrâhîm ben Salâma el-Muḥibbí wurde in Damascus einige Jahre nach 970 (1562) geboren [2], wie sein Vater, als er darum gefragt wurde, nur noch ungefähr angeben konnte, da das Buch, in welches er das Datum eingeschrieben hatte, verloren gegangen war. Im Todesjahre seines Hauptlehrers Hasan el-Bûrîní (G. 569) d. i. 1024 reiste er nach Câhira, wo er sich fünf Monate aufhielt und vorzüglich bei Burhân ed-dîn el-La-

1) Nach dieser bestimmten Angabe folgen noch die Worte: »Über seinen Tod habe ich nichts gefunden«, was also wohl Todesursache bedeuten soll.

2) Vermuthlich ein Fehler anstatt 990 (1582), da er sonst erst mit 50 Jahren seine Studien begonnen hätte.

câní gegen dessen Gewohnheit privatissime die *Alfija el-ḥadîth*, Traditionen in 1000 Versen, interpretirte, worüber er von ihm ein Diplom erhielt. Im J. 1039 kam er zum zweiten Male nach Câhira und hörte bei demselben Lehrer die Traditionen des Bochârí in der so gen. Halle der Magribiner in der Moschee el-Azhar. Darauf machte er auf der Ägyptischen Strasse die Wallfahrt und traf in der Festwoche des J. 1040 in Mekka nochmals mit el-Lacâní zusammen: sie nahmen dann Abschied von einander, Lacâní zog mit der Ägyptischen Carawane davon und erlag unterwegs in 'Acaba Eila seinem Schicksale. Muḥibbí hatte sich der Syrischen Carawane angeschlossen und blieb in der Folge in Damascus, wo er sich durch Vorlesungen in der Omeijaden-Moschee nützlich machte. Er erhielt die Aufsicht über das Coran-Haus Cheidhirija und das Grabmal in dem Stadttheil der Dsibbân-Moschee, welche beide von seinem Grossvater mütterlicherseits Cuṭb ed-dîn Muhammed ben Abdallah ben Cheidir el-Schâfi'í el-Balcâní gen. el-Cuṭb el-Cheidhirí[1] errichtet waren. Zweimal machte er die Reise nach Ḥaleb, die erste im J. 1036, die zweite einige Jahre nach 1050, und besuchte Çeidâ (Sidon) und Beirût zur Zeit des Fachr ed-dîn ben Ma'n und seines Sohnes des Emir Ali.

Unter seinen Schriften wird ein Commentar zu den *Mulḥa* genannt, dies soll aber nichts gewesen sein als ein chronologisches Verzeichniss seiner Vorfahren, welches er an den Rand jenes Buches geschrieben hatte. Er pflegte nämlich nicht nur in seine eigenen, sondern auch in fremde Bücher, die er zum Lesen geliehen hatte, seinen Namen mit schöner Uncialschrift und beliebige Bemerkungen an den Rand zu schreiben und dies soll besonders in seinen jüngeren Jahren vorgekommen sein, wo er einige Zeit an Geistesstörung litt, sodass er sogar einmal in der Aufregung den Thurm der Moschee seines Stadtviertels erstieg und unter Schimpfreden die Namen mehrerer angesehenen Gelehrten mit lauter Stimme hinunterrief. Dagegen hat sich eine Menge

1) **Cheidhir** ist unstreitig aus *ocheidhir musca* verkürzt, zumal da auch *dsibbân muscae* bedeutet. — **Balcâ** ein fruchtbarer District im Gebiete von Damascus mit vielen Ortschaften; in anderer Ableitung Balcâwí. Jâcût I. 728.

seiner Gedichte aus früherer und späterer Zeit erhalten, z. B. ein Gedicht an den Scheich el-Islâm As'ad ben Sa'd ed-dîn († 1034), als er im J. 1024 von der Wallfahrt zurückkehrte und Jerusalem besuchte; ein anderes als Antwort auf eine poëtische Zuschrift des Scheich Abd elbâkî el-Hanbalí († 1071) vom J. 1056. — Im Anfang des J. 1061 verfiel er in eine Krankheit, sodass er seine Wohnung nicht mehr verliess, welche innerhalb des Thomas-Thores lag, unter seinem Familien-Namen Muhibb ed-dîn bekannt war und an das Haus des Scheich el-Islâm Ibn 'Imâd ed-dîn (38) anstiess. Ramadhân el-'Atîfí (91), welcher sein Leben beschrieben hat, besuchte ihn noch, der Kranke machte sich Hoffnung auf eine baldige Genesung, während ihm die Zeichen des herannahenden Todes schon unverkennbar aufgedrückt waren. Nach einer Unterhaltung nahm Ramadhân mit schwerem Herzen von ihm Abschied, erhielt indess von ihm noch eine Zuschrift, welche er am Sonnabend Abend d. 13. Çafar in einigen Versen beantwortete, die er ihm selbst überbringen wollte. Ein heftiger Regen machte es ihm unmöglich auszugehen, die Strassen der Stadt waren wie Ströme und Muçtafá war bereits gleich nach Mittag gestorben (5. Febr. 1651). Die Vorbereitungen zum Begräbniss konnten nicht gemacht werden, der Regen goss unaufhörlich bis zum Sonntag, dann wurde die Leiche bei strömendem Regen gewaschen, in die Todtenkleider gehüllt und in die Omeijaden-Moschee getragen; nachdem hier das Gebet für den Verstorbenen gehalten war, wurde er nach dem Dorfe des Scheich Arslân gebracht und gegenüber dem Fenster, welches dem Flusse zugewandt ist, begraben.

Zweite Abtheilung.

III. Die Zeitgenossen.

28. Abd el-'azîz ben Ḥusâm ed-dîn Muhammed gen. Carah Tschelebi Zâdeh, aus einer sehr angesehenen Familie in Constantinopel, wurde von seinem Vater erzogen, studirte besonders unter dem Mufti Çan'allah ben Ga'far († 1021) und ertheilte dann selbst Unterricht, bis er die Professur an der hohen Schule Suleimânia erhielt. Im J. 1033 wurde er zum Cadhi von Janischehr ernannt und im J. 1036 zum Cadhi von Mekka befördert, und von hier entlassen kam er auf der Rückkehr nach Damascus, wo er sich einige Zeit aufhielt. Er wollte hierauf Jerusalem besuchen, wurde aber in der Nähe von el-Munja von Wegelagerern überfallen, die ihm einen Theil seines Reisegepäcks abnahmen, wesshalb er nach Damascus zurückkehrte, ohne Jerusalem gesehen zu haben. Er blieb nun dort und trat mit den schöngeistigen Gelehrten in näheren Verkehr, welche ihn in Gedichten feierten, bis er sich nach Constantinopel begab, wo er nach einiger Zeit im J. 1043 zum Cadhi ernannt wurde. Während der Sultan Murâd nach Adrianopel verreist war, wurden ihm dahin allerlei Gerüchte über die Amtsführung des Abd el-'azîz hinterbracht, wesshalb er noch in demselben Jahre abgesetzt und nach der Insel Kypros verbannt wurde. Er schrieb hier eine Türkische Caçîde (**Ḥaǵi** 10840), worin er sich über das ihm durch die Gewalthaber widerfahrene Unrecht beklagte, und durch die

Vermittlung eines hohen Staatsbeamten wurde er zurückberufen und nach einiger Zeit zum Cadhi el-'askar ernannt. Als der Sultan Ibrâhîm im J. 1058 ermordet wurde, wusste Abd el-'azîz in den danach entstehenden Unruhen und Wirren sich selbst geltend zu machen und erhielt die Stelle eines Cadhi el-'askar in Rumelien mit einer Machtvollkommenheit, wie sie vorher keiner besessen hatte, und am 10. Gumâdá I. 1061 wurde er zum Mufti von Constantinopel erhoben; jedoch schon nach vier Monaten am 12. Ramadhân wurde er wieder abgesetzt und nach Brûsa verwiesen, bekam indess die Einnahme als Cadhi der Insel Sâkiz (Chios). An mehreren Orten, besonders in Brûsa, hat er mit freigebiger Hand viel Gutes gestiftet und ist hier etwa im J. 1070 (1660), nach **Ḥagi** im J. 1068), gestorben. Unter seinen Schriften sind zwei türkisch geschriebene Chroniken hervorzuheben, eine kürzere und eine ausführliche *Viridarium justorum* von der Schöpfung bis auf seine Zeit. **Ḥagi** 2276. 6613. vergl. *Index* Nr. 458.

Abd el-bâki ben Muhammed el-Muḥibbí (4).

29. Abd el-câdir ben Bahâ ed-dîn ben Nahbân gen. Ibn Abd el-hâdi el-'Omarí el-Dimaschkí el-Schâfi'í studirte besonders die Grundwissenschaften der Theologie und Jurisprudenz und seine Lehrer darin waren Maḥmûd el-Kurdí († 1074). Maḥmûd Amîn el-Bârí und Ibrâhîm el-Fattâl (61). die Coranerklärung hörte er bei Maḥmûd Ibn Ḥamza dem Statthalter von Damascus; auch in der Physik und Mathematik erwarb er sich gründliche Kenntnisse. Auf einer Reise nach Constantinopel traf er mit dem grossen Lehrmeister Muhammed ben Suleimân el-Magribí el-Sûsí aus Mekka zusammen und durch ihn wurde er dem Grosswezir el-Fâdhil, dessen Bruder Muçṭafá Pascha und ihrem Vetter Husein Tschelebi empfohlen, und da während seines dortigen Aufenthaltes der Scheich Abd el-câdir ben Muçṭafá el-Çaffûrí, Professor der Traditionsschule Aschrafia in Damascus, im Ramadhân 1081 gestorben war, erhielt Ibn Abd el-hâdi dessen Stelle. Er kehrte also nach Damascus zurück, fing an zu dociren und bekam viele Zuhörer, wie einen Verwandten Abd el-galîl ben Muhammed Ibn Abd el-hâdi († 1087), und Muhammed el-Muḥibbí (10) las bei ihm mit seinem Freunde Muham-

med ben Muhammed die bei (10) genannten Schriften. Ausser dem dort erwähnten Commentare schrieb er noch viele Bücher, wie einen Commontar zu dem Glaubensbekenntnisse des Makkarí unter dem Titel *Illuminatio obscuritatis de confessione orthodoxorum*, ein Compendium des *Fluxus fontium* über die Grammatik von Sujûṭí (**Hagi** 14426. 4166); auch hat er einzelne wissenschaftliche Fragen metrisch behandelt und viele Gedichte gemacht. Er verfiel indess in Hypochondrie, die dagegen angewandten Mittel halfen nichts, sie nahm vielmehr zu, bis er am Donnerstag d. 2. Çafar 1100 (26. Nov. 1688) starb; er wurde auf dem Begräbnissplatze am Paradies-Thore neben seinem Oheim Muhammed beerdigt und über beide ein Monument von Holz errichtet.

30. Abd el-câdir ben Muçṭafá el-Çaffûrí el-Dimaschkí el-Schâfi'í geb. im J. 1010 (1601 erhielt in Damascus den Unterricht des Schams ed-dîn el-Meidâní (84 und reiste dann noch sehr jung nach Ägypten und besuchte die Vorlesungen des Burhân ed-dîn Ibrâhim el-Lacâní († 1041) und Abul-'Abbâs el-Makkarí in Cahira, des Muhammed ben el-Nakîb el-Beirûtí, der sich in Dimjâṭ niedergelassen hatte, u. A. Muḥibbí sah ein von Abd el-câdir selbst aufgestelltes Verzeichniss seiner Lehrer, worin er am meisten den bei dem genannten Ibn el-Nakîb genossenen Unterricht hervorhob. Er kam dann nach Damascus zurück, fing an zu dociren und hatte bald einen grossen Zuhörerkreis; darauf reiste er nach Constantinopel, um sich um eine feste Anstellung zu bewerben, hatte aber damit keinen Erfolg und kam wieder nach Damascus. In der Folge erhielt er eine Professur an der Balchia und an der Traditions-Schule Aschrafia, wo er Zeit seines Lebens wohnte und lehrte, auch hielt er Vorträge in der Omeijaden-Moschee und bildete eine Menge ausgezeichneter Schüler, unter denen Takí ed-dîn ben Schams ed-dîn el-Ḥiçní, welcher mehrere Jahre seinem Unterrichte beiwohnte, einer der berühmtesten wurde, auch gehörten dazu Ahmed ben Muhammed el-Çafadí Vorsteher der Derwîschia († 1100), Zein ed-dîn ben Ahmed el-Boçrâwí u. A. Er hat viele Aufsätze und Abhandlungen geschrieben und ist im Ramadhân 1081 (Jan. 1671) gestorben.

Abd el-ḥakk ben Muhammed el-Ḥigâzí (82).

Abd el-heij ben Abd el-bâkî el-Muhibbí (6).

31. Abd el-heij ben Ahmed ben Muhammed Ibn el-'Imâd Abul-Falâh el-'Akrí el-Hanbalí wurde Mittwoch d. 8. Ragab 1032 (8. Mai 1622) in Damascus geboren und erhielt den Unterricht der dortigen Gelehrten, unter denen die Scheiche Ajjûb (56). Abd el-bâkî Ibn Fakîh Façça el-Hanbalí geb. 1005 gest. 1071) und Muhammed ben Badr eddîn el-Balbâní († 1083) die berühmtesten waren, welche ihm auch das Licentiaten-Diplom ertheilten. Er reiste dann nach Câhira um auch hier die berühmtesten Lehrer zu hören, wie den Scheich Sultân ben Ahmed el-Mazzâhí aus Munjat Mazzâh bei Mançûra († 1075), el-Nur 'Alí el-Schabrâmallisí († 1087), el-Schams el-Bâbilí († 1077), el-Schihâb 'Alí el-Kaljûbí († 1069) u. A. Nach längerer Zeit kehrte er nach Damascus zurück und widmete sich dem Unterrichte mit grossem Nutzen. Er schrieb viele Bücher ab mit deutlicher Vocalisation, verfasste auch selbst mehrere Werke, wie einen Commentar zu dem *Textus summi finis* über das Hanbalitische Recht, eine Chronik unter dem Titel *Particulae aureae de historiis eorum, qui abierunt*, und mehrere Abhandlungen. Bei seiner Neigung zu den schönen Wissenschaften hat er sich auch selbst in Gedichten versucht, doch waren davon später nur wenige zu finden. Muhammed el-Muhibbí (10) wurde von ihm in den ersten Elementen unterrichtet, bewahrte ihm ein liebevolles Andenken und trauerte um ihn, als er die Nachricht von seinem in Mekka am 16. Dsul-Higga 1089 (29. Jan. 1679) erfolgten Tode erhielt.

32. Abd el-karîm ben Mahmûd ben Ahmed Karîm ed-dîn el-Târâní el-Mîkâtí (der Mathematiker) el-Ba'lí, dessen Vater aus dem Dorfe Târia bei Ba'labekk nach Damascus eingewandert war, machte seine Studien unter dem Cadhi Muhibb ed-dîn (1), el-Hasan el-Bûríní u. A. und wurde in den schönen Wissenschaften besonders von dem Dichter Schams ed-dîn Muhammed el-Çâlihí el-Hilâlí (geb. 950 gest. 1004) unterrichtet. Er erwarb sich ausgezeichnete Kenntnisse in allem, was ein Secretär und Notar wissen muss zur Abfassung von Berichten und Contracten, im Rechnen und allen schönen Wissenschaften, machte selbst gute Gedichte, schrieb eine schöne Handschrift und verstand

auch die Hefte hübsch einzubinden. Er starb am 8. Scha'bân 1041 (29. Febr. 1632).

33. Abd el-karîm ben Sinân el-Munschi ein geborner Türke aus Constantinopel hatte sich besonders in den schönen Wissenschaften ausgebildet, sich die Arabische Sprache vollkommen angeeignet und besuchte die Vorlesungen des Molla 'Alí ben Sinân el-Maḥaschschí. Gegen das J. 990 reiste er nach Câhira, las bei el-Nûr 'Alí ben Gânim el-Makdisí el-Ḥanefí und stand während der ganzen Zeit seines dortigen Aufenthaltes im Verkehr mit dem Cadhi Badr ed-dîn el-Carâfí el-Mâlikí, mit welchem er viele Gedichte gegenseitig austauschte. Als er nach Constantinopel zurückgekehrt war, fing er an zu lehren und wurde dann im J. 1028 zum Cadhi von Ḥaleb ernannt und Sonnabend d. 24. Gumâdá I. 1030 in gleicher Eigenschaft nach Câhira versetzt, wo er 5 Monate und 24 Tage in seinem Amte blieb. Diesmal kam hier Abul-'Abbâs el-Makkarí mit ihm in einen freundschaftlichen Umgang und überreichte ihm seine Schrift *Auxilium excelsissimi in describendis soleis Prophetae* mit der Bitte um sein Urtheil, und Abd el-karîm schrieb ihm ein langes Gutachten, worin er sich über den Verfasser und sein Werk in einer so lobenden und anerkennenden Weise aussprach, wie es keiner vor ihm erfahren hatte. Er starb in den 1040er (1630er) Jahren.

34. Abd el-laṭîf ben Hasan el-Gâlikí el-Dimaschkí el-Ḥanefí gen. el-Cazdírí d. i. der Zinngiesser, wurde im J. 986 (1578) in Damascus geboren und studirte die Rechte unter dem Cadhi Muḥibb ed-dîn Muḥibbí (1), dem Scheich Muhammed ben Hilâl († 1004) und dem Ḥanefiten Muhammed ben 'Alí el-'Alimí aus Jerusalem († 1018), bis er sich vollkommen ausgebildet hatte und selbst wieder als Lehrer auftrat. Er erhielt die Professur an der grossen 'Âdilia, wo er auch bis an sein Ende wohnte, und gelangte zu solcher Berühmtheit, dass der grösste Theil der hervorragenden Juristen der nächsten Generation seine Schüler waren, welche sich einstimmig nur lobend über ihn aussprachen. Bei seiner grossen Gelehrsamkeit war er ein genügsamer, ja armer Mann, der in Zurückgezogenheit lebte, woher es gekommen sein mag, dass er sich zuweilen eine rücksichtslose Unbedachtsamkeit zu Schulden kommen

liess. So war er eines Tages bei einem der Cadhis von Damascus, als der gelehrte Abd el-latîf ben Jahjá el-Minkârí (23) eintrat und ihm gegenüber Platz nahm; der Cadhi begann die Unterhaltung mit den Worten: Gelobt sei Gott, welcher mir von beiden Seiten die Güte zu Theil werden lässt, (Güte *lutf* mit feiner Anspielung darauf, dass jeder der beiden anderen den Namen Abd el-latîf »Diener des gütigen Gottes« hatte.) worauf el-Gâlikí den Vers anführte:

Unter den Geschöpfen leben gezwungen in Gemeinschaft
Aristoteles und der bissige Hund.

el-Minkârí entgegnete: die erste Hälfte beziehe ich auf mich, die zweite auf euch. el-Gâlikí wurde jetzt ganz verlegen und fing an, sich wegen seiner in Übereilung begangenen Dummheit zu entschuldigen. — Er starb Dienstag d. 12. Muharram 1043 (19. Juli 1633) und sein letzter Wunsch beim Herannahen des Todes, dass er in dem Leichengebete »der arme niedrige Gottesverehrer, Diener der erhabenen Wissenschaft, Abd el-latîf« genannt werde, wurde erfüllt.

Abd el-latîf ben Jahjá Ibn el-Minkâr (23).

Abd el-latîf ben Muhammed el-Muhibbí (2).

35. Abd el-rahman ben 'Imâd ed-dîn Muhammed ben Muhammed ben Muhammed el-'Imâdí el-Hanefí wurde zu Damascus in der Nacht auf den Dienstag (?) d. 14. Rabí' II. 978 (15. Sept. 1570) geboren und wuchs als Weisenknabe auf, da er früh seinen Vater verlor, und man hörte von ihm oft die Strophe eines Liedes:

Ich war erst sieben Jahre alt, als mein Vater starb.

Seine ersten Studien machte er bei Hasan el-Bûrîní (G. 551) und Muhammed Muhibb ed-dîn el-Hanefí (26), dem Sohne seiner Tante, dann ging er zu dem Cadhi Muhibb ed-dîn Muhammed (1), zu Schams ed-dîn Ibn el-Minkâr (21) und Muhammed ben Abd el-malik el-Bagdâdí, bis er vollkommen ausgebildet war. Im J. 1014 machte er die Wallfahrt, als der genannte Cadhi Muhibb ed-dîn die Pilgerkarawane begleitete, und nahm in Mekka von Çibgatallah ben Rûhallah († 1015 Ç. 207) die Nakischbandia-Lehre an. Beim Eintritt in die Moschee fiel er und brach im Gedränge den Fuss: er wurde zwar wieder geheilt, doch blieb der Bruch bemerklich und er hinkte danach. Nach seiner Rückkehr nach Damascus fing er an Vorlesungen zu halten, wurde im J. 1017 Professor an der Schiblia und im J. 1023 an der Selîmia. In diesem Jahre machte der Cadhi von Constantinopel As'ad ben Sa'd ed-dîn die Pilgerreise und als' er durch Damascus kam und den Abd el-rahman von allen Seiten rühmen hörte, machte er ihm mit seinem ganzen Gefolge einen Besuch, und sobald er nach seiner Rückkehr nach Constantinopel an die Stelle seines verstorbenen Bruders Muhammed im Ǵumâdá II. 1024 zum Mufti der Hauptstadt ernannt war, wollte er den Abd el-rahman dahin ziehen. Diesem war kurz vorher von Ahmed ben Zein ed-dîn el-Manṭikí (55) die Selîmia abgenommen und Abd el-rahman machte jetzt ein Gedicht, worin er As'ad bat, ihm die Stelle wieder zu geben; er erhielt sie auch und dankte ihm dann dafür in einem zweiten Gedichte. Im J. 1031 wurde er zum Professor an der Suleimânia und zum Mufti von Syrien ernannt und machte als solcher im J. 1033 wieder die Pilgerreise, sein Ruf verbreitete sich und seine Gelehrsamkeit wurde allgemein anerkannt. Einst wurde dem Scheich el-Islam Jaḥjá ben Zakarijâ (105) ein Rechtsfall mit dem Gutachten des Abd el-rahman zur Entscheidung vorgelegt und er schrieb als Urtheil an den Rand: »wie darin unser gelehrter Bruder seine Meinung ausgesprochen hat«; dies ist das grösste Lob, welches Jemandem ertheilt werden kann. — Als Schriftsteller ist er bekannt geworden durch sein Buch über die zu beobachtenden Gebräuche bei der Wallfahrt, welches er im J. 1014 in Mekka schrieb unter dem Titel *Viaticum de eo, quod observandum est* (Ḣaǵi 11939. 12931). Ausserdem verfasste er *Donum de probitate juris scientiae*. — *Hortus satis rigatus de iis, qui in Dârajjâ sepulti sunt*, Lebensbeschreibungen der bei Dârajjâ auf dem Begräbnissplatze der Einwohner von Damascus beerdigten. *Gotha* 93². *Refâija* 147. — Viele Abhandlungen über verschiedene Materien und eine Menge guter Gedichte, darunter eine Caçîde zum Lobe des Emir 'Alí ben Manǵak. *Berlin* 786. — Glossen zu einem Theile des Commentars *Detector* des Zamachscharí zum Coran fanden sich in seinem Nachlasse als Brouillon. — Er starb in der Nacht auf den Sonntag d. 17. Ǵumâdá I. 1051 (24.

Aug. 1641) und hinterliess drei Söhne 'Imâd ed-dîn, Schihâb ed-dîn und Ibrâhîm, von denen ihm der jüngste der liebste war.

36. 'Imâd ed-dîn ben Abd el-rahman ben Muhammed el-'Imâdí el-Hanefí wurde im J. 1004 (1595) geboren und erhielt den Unterricht von seinem Vater, von Husein el-Bûrînî (G. 551), Tâg ed-dîn el-Far-'auní, el-Schams Muhammed ben Muhibb ed-dîn (26) und den beiden Schihâb, el-'Aithâwí (42) und el-Wafâï, und war bei Muhammed ben 'Azmí beschäftigt, während er vom J. 1020 bis 1022 Cadhi von Damascus war. Seine ersten Vorlesungen hielt er an der Schiblia, die ihm sein Vater abtrat, und als dieser im J. 1051 starb, suchte 'Imâd ed-dîn dessen Stelle als Mufti zu bekommen, sie wurde indess dem Muhammed ben Cubâd el-Sakûtí (73) übertragen, und erst als dieser im J. 1053 mit Tode abging, wurde 'Imâd ed-dîn zum Mufti der Ḥanefiten ernannt. Als solcher war er allgemein von Hohen und Niedern sehr geachtet wegen seiner Kenntnisse und seiner Selbstverleugnung, und seine unpartheiischen Rechtsgutachten gingen von Hand zu Hand. Er blieb 18 Jahre[1] im Amte, bis er Donnerstag d. 15. Ragab 1068 (18. Apr. 1659) starb und bei seinen Vorfahren am kleinen Thore begraben wurde.

37. Schihâb ed-dîn ben Abd el-rahman ben Muhammed el-'Imâdí el-Ḥanefí geb. im J. 1007 wuchs unter der Aufsicht seines Vaters auf, wurde von ihm und von Hasan el-Bûrînî (G. 551), den beiden Schihâb Ahmed el-'Aithâwí (42) und Ahmed el-Wafâï unterrichtet, hörte bei Abul-'Abbâs el-Makkarí und war im Dienste bei Muhammed ben Mahmûd gen. Scherîf, Cadhi el-'askar und Reichsverweser. Er zeichnete sich durch eine schöne Handschrift aus und schrieb auch mit vollständiger Vocalisation sehr rasch, als Protokollführer und auch als Dichter wurde er sehr geschätzt; er war die Seele der ganzen Familie, sein Vater und seine beiden Brüder liessen sich durch sein Urtheil leiten und er hatte einen scharfen, durchdringenden Verstand. Schon im J.

1) Dies ist unrichtigerweise vom Tode seines Vaters an gerechnet anstatt 16 Jahre, wenn man, wie gewöhnlich das erste und letzte Jahr für voll rechnet, genauer 15 Jahre und 3 Monat.

1033 war er auf der Wallfahrt Cadhi der Syrischen Karawane, in welcher sich sein Vater, seine Mutter, seine beiden Brüder und seine Tante befanden. Er lehrte dann an mehreren hohen Schulen, wie die grosse Nûria und die Nâçiria ǵawwânia mit der Besoldung eines ins Amt eintretenden[1]). Als sein Vater starb, reiste er mit seinem Bruder Ibrâhîm nach Constantinopel, um die Stelle als Mufti zu bekommen, hatte aber kein Glück mit seiner Bewerbung und kehrte nach Damascus zurück, wo ihm sein Bruder 'Imâd ed-dîn, als er im J. 1053 Mufti wurde, die Schiblia überliess, nachher erhielt er die Professur an der Selîmia. Beim Tode des Bruders ernannte ihn der Cadhi von Damascus zu dessen Nachfolger als Mufti, allein von der Regierung wurde Chalîl el-Sa'sa'âni, aus dem Orte Sa'sa' bei Damascus, dazu bestimmt, welcher im J. 1072 den Platz an Abd el-wahhâb el-Furfûri (49) abtreten musste: als dieser im Muharram 1073 starb, trat Schihâb ed-dîn nochmals ein, um sehr bald nachher dem 'Alâ ed-dîn el-Haçkafí (69) wieder weichen zu müssen. Nach so vielen Kränkungen und Zurücksetzungen hielt er sich zu Hause und sah Niemanden, er wurde niedergeschlagen, seufzte über das verlorene Ansehen und verfasste Aufsätze und Gedichte, von denen sich einige erhalten haben, worin er sich über sein Schicksal beklagte. Er starb Freitag d. 21. Raǵab 1078 (16. Jan. 1668) und wurde am kleinen Thore zu den Füssen seiner Eltern begraben. — Sein Sohn

37a. Fadhallah ben Schihâb ed-dîn ben Abd el-rahman el-'Imâdí el-Hanefí geb. im J. 1045 (1635) hatte von früher Jugend an eine grosse Neigung zum Studiren, wurde von seinem Vater und seinen beiden Oheimen unterrichtet und las über verschiedene Fächer der schönen Wissenschaften bei Ibrâhîm el-Fattâl (61) und Muhammed el-'Aithí und zeichnete sich so aus, dass Fadhlallah el-Muhibbí ihn allen seinen Gleichaltrigen vorzog. Sein Vater trat ihm den Lehrstuhl an der Schiblia ab, als aber seine Familie durch widerwärtige Umstände aus ihrer Stel-

1) رتبة الداخل der Rang eines ins Amt eintretenden, eines angehenden Docenten mit einer geringen Besoldung, wie er in der Türkei bestand, wurde in der Mitte des XI. Jahrhunderts auch in Syrien eingeführt, wahrscheinlich mit der Anwartschaft in eine demnächst zur Erledigung kommende höhere Stelle einzurücken.

lung hinausgedrängt wurde, zog er sich mit seinem Vater eine Zeit lang aus der Öffentlichkeit zurück, bis Muhammed ben Maḥmûd gen. Mufattisch el-aukâf »der Legaten-Eintreiber« als Cadhi nach Damascus kam, welcher Vorlesungen über Coranerklärung hielt, denen Fadhlallah beiwohnte und worin er durch seine hervorragende Dialektik Aufsehen erregte. Nach einiger Zeit, als der genannte Cadhi wieder abgesetzt war, reiste Fadhlallah nach Constantinopel und stellte sich dem Scheich el-Islâm Jaḥjá el-Minkârí (24) vor, welcher ihm die Stelle eines ins Amt eintretenden verlieh, worauf er nach Damascus zurückkam. Als Fadhlallah el-Muḥibbí (9) im J. 1082 starb, erhielt er dessen Stelle als Cadhi von Beirût nach Art eines Jahresgehaltes, der ihm nicht genügte, und mit Versprechungen einer Verbesserung wurde er hingehalten. Er hielt sich nun beständig zu Hause und beschäftigte sich mit schönwissenschaftlichen Arbeiten und mit Bücherlesen. In dieser Lage traf ihn auch Muhammed el-Muḥibbí (10), als er im J. 1092 aus Constantinopel nach Damascus zurückkehrte, er besuchte ihn mehrere Male und hörte von ihm Gedichte, die er gemacht hatte. Fadhlallah starb um Mittag Mittwoch d. 25. Ra'gab 1096 (27. Juni 1685) und nachdem in der Omeijaden-Moschee nach dem Abendgebet die Leichenrede gehalten war, wurde er am kleinen Thore begraben.

38. Ibrâhîm ben Abd el-rahman ben Muhammed el-'Imâdí geb. im J. 1012 (1603) wurde in den schönen Wissenschaften von seinem Vater und von Hasan el-Bûríní unterrichtet, in den Traditionen waren die drei Schihâb ed-dîn Ahmed: el-'Aithâwí el-Schâfi'í, el-Wafâï el-Ḥanbalí und el-Makkari el-Mâlikí seine Lehrer, und er stand im Dienste bei Abdallah ben Maḥmud el-'Abbâsi, welcher im J. 1032 Cadhi von Damascus war. Er brachte es bald dahin, dass er als Repetent für seinen Vater die Erklärung des Coran nach Zamachscharí's Commentar übernehmen konnte, und erhielt dann die Stelle eines eben eintretenden Beamten an der grossen Nûria. Zweimal machte er die Wallfahrt, das zweite Mal als Cadhi der Pilgerkarawane, und reiste nach dem Tode seines Vaters mit seinem Bruder Schihâb ed-dîn nach Constantinopel. Er war ein ausgezeichneter Dichter, an Fadhlallah el-Muḥibbí (9), welcher

zu gleicher Zeit mit ihm in Constantinopel war, hatte er, als er abreisen wollte, eine Zuschrift in Versen gerichtet, und Fadhlallah beantwortete sie in gleicher Form. Er bekam einen Schlaganfall, woran er 1½ Jahr daniederlag, bis er Sonnabend d. 20. Rabí II. 1078 (10. Oct. 1667) starb und am kleinen Thore neben seinem Vater begraben wurde.

Abd el-rahman ben Abul-Fadhl Muhammed el-Meidâní (71).

Abd el-rahîm ben Tâg ed-dîn Ibn Maḥâsin (98).

Abd el-wahhâb ben Ahmed el-Furfûrí (19).

39. Ahmed ben Ahmed el-Schaubarí el-Miçrí el-Ḥanefí wurde in dem Orte Schaubar in der Provinz el-Garbia in Ägypten geboren und ging mit seinem Bruder Schams ed-dîn Muhammed (40) nach Munjat Rûḥ (Maḥallat Rûḥ in derselben Provinz) zu dem Scheich Ahmed ben 'Alí el-Schanâwí († 1028), welcher ihnen den Elementarunterricht ertheilte und den Weg zur richtigen Gotteserkenntniss zeigte; dann kamen sie nach Câhira und verbrachten mehrere Jahre in der hohen Schule der Moschee el-Azhar. Ahmed studirte die Rechte bei 'Alí ben Gânim el-Makdisí, Abdallah el-Niḥrîrí, Omar ben Nag'îm und dem Scheich der Schâfi'iten Muhammed ben Ahmed Schams ed-dîn el-Ramlí, dem Commentator des *Minhâg* († 1014), und las die Traditionen des Bochâri bei Muhammed Schams ed-dîn el-Muḥibbí el Miçrí († 1041), welcher, wenn Ahmed etwas nicht verstanden hatte, ihm erlaubte in seine Wohnung zu kommen und es nochmals zu lesen. Viele seiner Lehrer ertheilten ihm das Licentiaten-Diplom und er erlangte in der Folge eine solche Berühmtheit, dass unter seinen jüngeren Zeitgenossen in Ägypten und Syrien wohl kein Ḥanefitischer Gelehrter war, der ihn nicht gehört hätte, und er wurde Abu Ḥanîfa der jüngere genannt. Zu seinen Schülern gehörte auch Ismâ'îl ben Abd el-ganí el-Nâbulusí (13), und Fadhlallah el Muḥibbí (9) besuchte während seines Aufenthaltes in Câhira im J. 1059 seine Vorlesungen und erhielt von ihm ein Diplom über das bei ihm gehörte. Nur Muhammed ben Muhammed el-Sarí el-Darûrí wollte seine Vorzüge und Verdienste nicht anerkennen und suchte sie zu verkleinern; einem seiner Schüler, der ihm dies mittheilte, erwiederte el-Schaubarí: sag ihm wieder, die Entscheidung zwischen uns

würde nicht ausbleiben. el-Sarí verstand nicht, was er damit meinte, es zeigte sich aber bald: sie starben beide in ein und demselben Monate, das Leichenbegängniss bei el-Sarí war wie bei einem gewöhnlichen Menschen, dagegen das Gefolge bei Schaubarí war dicht gedrängt, kein Richter, kein Emir, kein Gelehrter war davon zurückgeblieben, die Trauer um seinen Verlust war eine allgemeine. Er starb im J. 1066 (1656) und sein Bruder Schams ed-dîn Muhammed hielt ihm die Leichenrede auf dem Begräbnissplatze el-Ramla. — Dieser Bruder

40. Muhammed ben Ahmed Schams ed-dîn el-Schaubarí el-Scháfi'í war am 21. Ramadhân 977 (27. Febr. 1570) geboren, studirte bei Schams ed-dîn el-Ramlí acht Jahre und erhielt von ihm das Diplom für die Praxis und den Unterricht im Schâfi'itischen Recht und bekam den Namen Schâfi'í der jüngere oder der Schâfi'í seiner Zeit. Die Traditionen hatte er bei Abul-Nagâ Sâlim el-Sanhûrí († 1015) und Ibrâhîm el-'Alcamí gehört, die philosophischen Fächer bei Mançûr el-Ṭablâwí († 1014) und Abd el-mun'im el-Annâṭí, und von allen erhielt er das Diplom. Er las dann in der Moschee el-Azhar das Compendium des Muzení über das Schâfi'itische Recht (**Ḥagi** 11628), *el-Raudh* das Compendium aus Nawawí über die einzelnen Rechtsmaterien (**Ḥagi** 6591) und *el-'Obâb Fluxus maris de jurisprudentia Schâfi'itica* (**Ḥagi** 8033) und andere ausführliche ältere Bücher. Er war der letzte, welcher in der genannten Moschee jene drei Werke las und unter seinen Zuhörern befanden sich Nûr ed-dîn Muhammed el-Schabrâmallisí († nach 1021), Schams ed-dîn Muhammed el-Bâbilí († 1077), Jass ben Zein ed-dîn el-Ḥimçi († 1061) u. A. Unter seinen zahlreichen Schriften sind hervorzuheben Glossen zu den Commentaren des *Minhâg*, des *Taḥrîr*, des Ibn Ḥagar über die 40 Traditionen des Nawawí und zu den *'Obâb*. Er starb in der Nacht auf den Dienstag d. 16. Gumâdá I. 1069 (9. Febr. 1659).

41. Ahmed ben 'Alí el-Harîrí el-'Osâlí el-Schâfi'í el-Chalwatí war von Kurdischer Abkunft; sein Vater stammte aus dem Städtchen Ḥarîr und hatte sich in dem Dorfe 'Osâl bei Gubba[1] im Gebiete von

1) Jâcût II, 32 nennt eine Gegend Gubba-'Oseil zwischen Damascus und Ba'labekk.

Damascus niedergelassen. dort wurde Ahmed geboren und kam schon in früher Jugend nach Damascus. wo er von einem Çufiten unterrichtet wurde. Er reiste dann nach Haleb zu dem gelehrten Ahmed el-Dergurrâní d. i. aus dem zu Haleb gehörigen Dorfe Deirgurra. und von da nach 'Aintâb. wo er von dem Scheich Schâh Walí el-Chalwatí die Chalwati Regel lernte[1]. Nach Damascus zurückgekehrt wohnte er lange Zeit in der Çâlihia Schule, die höchsten Beamten, Cadhis und Vornehmen überliefen ihn um seiner Fürbitte und seines Segens theilhaftig zu werden, eine unzählige Menge der Einwohner von Damascus und Fremde wohnten seinem Unterrichte bei und viele nahmen seine Regel an. Der Präfect von Damascus Ahmed Pascha gen. Kaǵak baute ihm in J. 1045 eine eigene Wohnung, welche er im folgenden Jahre bezog; hierdurch

1) Die Chalwat- d. i. Einsamkeits-Lehre schreibt vor, dass Jemand in geheimer Einsamkeit sich ganz allein mit dem Gedanken an Gott in seinem Dasein beschäftigt und alles andere von sich fern hält, wenn indess Jemandem die Abgeschiedenheit von anderen Menschen dadurch erleichtert wird, dass er sich an einem heiligen Orte niederlässt, so ist es am passendsten, dass es in einer Moschee geschieht und dass er hier zu bleiben und das gesetzliche Fasten zu halten sucht; besser ist noch, dass er sich enthält viel zu essen und zu trinken, sobald die Zeit des Fastens vorüber ist, und wenn er das Trinken ganz unterlässt, so ist dies am allerbesten, denn der Durst ist nach dieser Lehre eine wichtige Sache, ja ein beschleunigter Weg um zu der Offenbarung zu gelangen. Wenn er glaubt, dass es ihm helfen kann und besser bekommt, so trinke er etwas Wasser mit Bienen- oder Datteln-Honig. Die Anrufung nach der Einsamkeits-Lehre ist: »Es ist kein Gott ausser Allah!« wenn er dies nicht öffentlich laut sagen kann, so thut er es im Innern für sich. Er darf Nachts nicht schlafen, weder wenig noch viel, sondern nach dem Gebete beim Sonnenaufgange begiebt er sich offen an seine Geschäfte. Wenn sie (die Glaubensgenossen) als Gemeinde versammelt sind, so ist die Sache dieselbe, nur dass die Anrufung Gottes gemeinschaftlich kräftig mit festem Willen erfolgt. Wenn einer unter ihnen ist, der etwas vortragen will, so mag er dazu die Reden der hervorragenden Çufiten wählen, und es schadet nicht, dass er dabei die Zuhörer sich ruhig niedersetzen lässt. Die Abgeschiedenheit in einer Versammlung darf nicht über drei Tage dauern, dagegen ein einzelner kann in Einsamkeit zubringen, so lange er will, 3. 7, 15, 30 volle Monate, 70 Jahre, und so die ganze Lebenszeit, dies ist die absolute Einsamkeit mit absoluter Geheimhaltung.

stieg sein Ruhm noch mehr. der grosse Lehrmeister Ajjûb (56), der Scheich Muhammed el-'Abbâsí und andere waren hier noch seine Zuhörer und lernten von ihm die Chalwatí Lehre. Er starb Freitag den 18. Dsul-Ḥigga 1048 (22. Apr. 1639).

42. Ahmed ben Júnus ben Ahmed ben Abu Bekr Schihâb ed-dîn el-'Aithâwí wurde im J. 941 (1534) in Damascus geboren, wohin sein Vater Júnus aus 'Aithâ, einem der Dörfer in dem stark angebauten Districte el-Bikâ' el-'azízí zwischen Damascus, Ḥimç und Ba'labekk, eingewandert war. Nachdem er das Lesen des Coran bei Schihâb ed-dîn Ahmed ben Nabîh gelernt hatte, legte er sich auf das Studium des Rechts und der Grammatik bei dem Scheich Tâg ed-dîn, dann auch bei seinem Vater, welcher ihn darauf zu dem Ober-Cadhi Nûr ed-dîn 'Alí el-Nasafí schickte, der aus Câhira nach Damascus gekommen war, und bei diesem blieb er mehrere Jahre, bis er sich mit den juristischen Wissenschaften ganz vertraut gemacht hatte. Auch bei el-'Alâ ben 'Imâd ed-dîn hatte er Vorlesungen gehört, die Traditionen bei el-Schams Muhammed Ibn Ṭûlûn, die mystischen Lehren bei el-Schihâb Ahmed ben el-Badr el-Gazzí, wie auch bei dem Scheich Abd el-rahîm el-Çâliḥí, und nach dem Tode des Ṭajjibí stellte ihm el-Badr el-Gazzí das Diplom für die juristische Praxis aus. Er erhielt dann nach und nach die besoldeten Stellen als Vorleser in der Omeijaden-Moschee, als Prediger in der neuen sogen. Mu'allak Moschee vor dem Paradies-Thore, die Hälfte der Predigerstelle an der Taurízia in dem Quartier »Grab der 'Âtika« ausserhalb Damascus; auch war er nach und nach Professor an der 'Omaria und 'Azízia, der Dhâhiria, der Schâmia barrânia, der Takwia, welche letztere er im J. 1021 an Fadhlallah el-Bosnawí (58) abtrat, und predigte in der Omeijaden-Moschee und der Moschee des Sultans Suleimân. Unter seinen Schülern zeichneten sich besonders aus Hasan el-Bûrîní (G. 551), Muhammed el-Gauchí (80), el-Scharaf el-Dimaschkí (94) und el-Nagm el-Gazzí (G. 569). Er gehörte zu den gelehrtesten Juristen seiner Zeit, genoss das allgemeine Vertrauen und seiner Entscheidung wurden wichtige Fragen vorgelegt. In einer solchen war er mit dem gelehrten Ismâ'îl el Nâbulusí (11) nicht einerlei Mei-

nung, nämlich über den weissen Thurm, welchen die Christen auf ihrer Kirche ausserhalb Damascus in dem Quartier el-Charâb (die Zerstörung) errichtet hatten: el-Nâbulusí entschied sich für die Entfernung desselben aus Besorgniss, dass der Ausruf zum Gebet von demselben den Christen Veranlassung geben könnte, über den Islâm zu spotten, mit Rücksicht auf die Coranstelle (Sure 6, 108): Spottet nicht über diejenigen, welche ausser Allah (einen anderen Gott) anrufen u. s. w. el-'Aithâwí dagegen hielt den Bau für erlaubt. Der Erbauer war ein angesehener Kaufmann Namens 'Alâ ed-dîn ben el-Ḥag'ig; der Ober-Cadhi Muçtafá Ibn Bustân neigte sich zu der Ansicht des 'Aithâwí, der Statthalter Hasan Pascha ben Muhammed Pascha zu der des Nâbulusí. Zuletzt wurde der Thurm auf Befehl des Cadhi fertig gebaut, nachdem die Christen dem Wezir eine hohe Summe bezahlt hatten, und 'Aithâwí schrieb über den Bau eine kleine Abhandlung; dies geschah vor dem J. 990. — el-'Aithâwí machte zweimal die Reise nach Ḥiçn zwischen Ḥaleb und Rakka und nach Tripolis, um seine Verwandten zu besuchen, dort wohnte eine Tante. Auch nach Ḥaleb reiste er zweimal, beide Male zum Wohle der Einwohner von Damascus, das erste Mal im J. 1019 in Begleitung des Scheich Muhammed ben Sa'd ed-dîn und einiger anderen, um sich bei dem Wezir Murâd Pascha über 'Alí Ibn G̉ânbulâds und Fachr eddîn ben Ma'n zu beschweren, welche in Damascus und der Umgegend Verwüstungen anrichteten und sich in der Stadt übermässige Ausschreitungen zu Schulden kommen liessen: das zweite Mal im J. 1025, um die Einwohner von Damascus von den Bedrängnissen zu befreien, welche sie in diesem Jahre von den Persern zu erdulden hatten. Bei dieser Gelegenheit kamen die Einwohner von Ḥaleb zu ihm, um einige Vorträge von ihm zu hören, und sie erwiesen ihm grosse Ehre. Er erkrankte an einem Fieber, welches jeden vierten Tag wiederkehrte, und starb am Neumond des Dsul-Ḥigga 1025 (10. Dec. 1616); in einem Gedichte des Abu Bekr el-'Omarí ist die Jahrszahl in den Buchstaben ausgedrückt: ارحم العيثوى عبدك احمد »Erbarme Dich Deines Dieners el-'Aithawí[1].

1) Mit kurzem *a* in der Volksaussprache.

43. Ahmed ben Jûsuf ben Husein ben Jûsuf ben Muhammed Schihâb ed-dîn el-Haçkafí d. i. aus Hiçn keifâ (daher auch el-Hiçní), einer Stadt an beiden Seiten des Tigris in Dijâr Bekr zwischen Gazîrat Ibn Omar und Majjâfârikîn, hatte sich in Haleb niedergelassen und wurde hier, weil er die Wallfahrt gemacht hatte, Manlâ Hâgi genannt, woraus für seine Nachkommen der verkürzte Familien-Name Ibn Manlâ entstanden ist. Ahmed wurde Ober-Cadhi von Tabrîz und starb im J. 895 (1490). Er ist der Verfasser eines *Detectio margaritarum* betitelten Commentars über das Werk des Abul-Câsim Abd el-karîm el-Râfi'í *Liber correctus* über das Schâfi'itische Recht (**Hagi** 10697. 11532); des *Donum institutionum plenum* d. i. Glossen zu dem Commentar des Sa'd ed-dîn Mas'ûd el-Taftâzâni († 791) über die *Articuli fidei* des Abu Hafç Omar el-Nasafí († 537. **Hagi** 2641. 8173); der Glossen über einen Commentar des Compendium der Metaphysik *Ortus luminum* des Abdallah el-Beidhâwí (**Hagi** 7996); eines Commentars zu der *Schâtibia* (**Hagi** 4468) und zu den *Palae dictorum sapientiae plenorum* des Muhammed Ibn 'Arabí (**Hagi** 9073); auch schrieb er etwas über des Mahmûd el-Gagmînî *Summarium de astronomia* (**Hagi** 4129. 12886). — Sein Urenkel

44. Ahmed ben Muhammed ben 'Alí ben Ahmed ben Jûsuf Ibn Manlâ Abul-'Abbas Schihâb ed-dîn el-Haçkafí el-Schâfi'i wurde im J. 937 (1530) in Haleb geboren, wuchs unter der Leitung seines Vaters auf und wurde von mehreren Gelehrten unterrichtet, besonders von Radhi ed-dîn Muhammed Ibn el-Hanbalí dem Verfasser der Geschichte von Haleb (G. 528); bei ihm las er dessen Abhandlung *Facilis decensus ad duas silices vasi per viam in duabus hydriis*; derselbe erleichterte ihm das Verständniss seiner Schrift *Indicia pulchritudinis in quaestionibus de dimensione*, er liess ihn an den Vorlesungen über Algebra und Gleichungen Theil nehmen und das Werk *Liber monilibus ornatus de fundamentis* mit seinen Glossen lesen und trug die *Virtutes Prophetae* des Tirmidsí vor, sowie den Commentar zu den *Stationes de metaphysica* und die *Articuli fidei* des 'Adhud ed-dîn Abd el-rahman el-Igí († 756) mit den Glossen des 'Alí el-Gorgâní und Ahmed el-Taftâzâni (**Hagi** 8170). Bei 'Olwân ben Muhammed el-Hamawí, welcher sich im J. 954 in Haleb

aufhielt, hörte er ein Drittel des Bochârí, und die Traditionen nach der fortlaufenden Kette der Überlieferer bei el-Burhân el-'Imâdí, welcher ihm ein Diplom ausstellte. Die Coran-Lesekunst lernte er bei dem Scheich Ibrâhîm el-Dharîr aus Damascus, der sich in Haleb niedergelassen hatte und ihm im J. 965 ein Diplom überreichte. Zweimal besuchte er Damascus, wo er den Vorlesungen des Badr ed-dîn el-Gazzí in der Schâmia barrânia beiwohnte und bei Nûr ed-dîn el-Nasafí ein Stück aus Bochârí und Muslim und anderes hörte. Im J. 958 reiste er mit seinem Vater nach Constantinopel, wo er die Vorträge des dort ansässigen Scheich Gars ed-dîn el-Halebí über das Astrolabium besuchte und von Abd el-rahîm el-'Abbâsí das von ihm erbetene Zeugniss über die Richtigkeit seiner Recension des Bochârí empfing. Seine Reisebeschreibung führt den Titel *Hortus rosaceus de itinere Constantinopolitano* (**Ḥagi** 6696 mit falscher Jahreszahl). Nach seiner Rückkehr nach Haleb erhielt er die Professur an der Balâṭia, welche Ḥâgi Balâṭ, Secretair des Ḥâgi Înâl, neben dessen Grabe hatte erbauen lassen, wo er mit Beifall lehrte. Unter seinen Schriften ist die berühmteste sein Commentar zu dem grammatischen Werke des Ibn Hischâm *Quod sufficit cordato*, worin er die Commentare des Muhammed el-Damâmíní († 828) und Takî ed-dîn el-Schamaní († 872) vereinigt und erweitert hat (**Ḥagi** 12496), so dass sein Werk in diesem Fache ohne gleichen ist. — Die *Monilia margaritarum de descriptione nonnullorum juvenum* (**Ḥagi** 8225) sind eine Nachahmung des *Pratum capreolorum et domicilium vernum juvenili amore incessorum* seines Lehrers Ibn el-Halebí (**Ḥagi** 11774). — *Querela lacrimarum propter sagittas arcuum separationis effusarum* (**Ḥagi** 7634). — *Dissertatio, quae consortium e loco* الغزال *hinnuli quaerit* (**Ḥagi** 7870[1]). — Commentar zu der *Institutio sanans de flexu formarum* des 'Othmân Ibn el-Ḥâgib († 646. **Ḥagi** 7375); und zu dessen Compendium der Grammatik *Liber sufficiens* (**Ḥagi** 9707). — Commentar zu dem *'Izzi de flexu formarum* des 'Izz ed-dîn Ibrâhîm el-Zangâni (**Ḥagi** 8141). — *Doctrina*

---

1) In der Variante الكثيب Ḥagi T. VII. p. 782 steckt die richtige Lesart الكئيب und in Nr. 8039 müssen die Wörter اللبيب und الكئيب versetzt werden.

hereditatis dividendi (**Ḥa'gi** 8972). — Metrische Bearbeitung der *Splendores statutorum de articulis juris Ḥanefitici* (**Ḥa'gi** 8579). — Eine Anzahl guter Gedichte. — Bei einem Ausfluge im J. 1003 (1594) wurde er in dem Dorfe Bâtschâ fünf Parasangen von Ḥaleb im Gebiete von Ma'arra Maçrîn von den Bauern ohne Grund überfallen und getödtet und am Berge nahe bei dem Grabe seines mütterlichen Grossvaters Choga Iskandar ben Âja'gâk beerdigt. — Er hatte zwei Söhne

45. Muhammed ben Ahmed Schams ed-dîn Ibn Manlâ el-Haçkafî wurde im J. 967 (1559) geboren und las bei seinem Vater den Commentar über die Syntax *Particulae aureae* des Ibn Hischâm (**Ḥa'gi** 7434). Ein Hausfreund, der Geschichtschreiber Omar ben Abd el-wahhâb el-'Ordhí der ältere (geb. 950 gest. 1024) kam eines Tages zum Besuche und hörte, wie der Vater dem Sohne die Regeln über die Indeclinabilia erklärte, aber wegen des vielen Redens nur noch stammelte, und 'Ordhi erbot sich den Unterricht fortzusetzen. Der Knabe fasste ein solches Zutrauen zu ihm, dass er nachher mit Erlaubniss des Vater zu ihm ging und ihn bat, ihn weiter zu unterrichten. 'Ordhi las mit ihm den Commentar des 'Gâmi zu der *Kâfia* von Anfang bis zu Ende, ging dann über zu dem *Mugni el-labîb* des Ibn Hischâm (**Ḥa'gi** 12496), dem *Mutawwal* des Taftâzânî (**Ḥa'gi** 12277), erklärte den Commentar zu der Beredsamkeit des Mas'ûdí, den Text des 'Gagmînî über die Astronomie (**Ḥa'gi** 12886), den Commentar des Cadhi Zakarîjâ zum *Minhâg* und las die beiden Traditions-Sammlungen des Bochârî und Muslim vor. Bei den meisten von diesen Vorlesungen war sein Bruder el-Burhân Ibrâhîm (46) zugegen. Muhammed fing dann an zu schriftstellern und verfasste eine Geschichte von Ḥaleb mit besonderer Rücksicht auf die dortigen Herrscher von der Zeit der Eroberung der Stadt durch die Kampfgenossen des Propheten bis auf Ḥâgi Ibrâhîm Pascha. Dann schrieb er etwas über einen Theil der Traditionen des Muslim und eine schöne Abhandlung über die Bekehrung der Eltern des Propheten zum Islâm, auch machte er einige Gedichte. Dabei war er ein frommer und menschenfreundlicher Mann. Er bekam das Wechselfieber und ein boshafter Mensch rieth ihm sich auf dem Rücken brennen zu

lassen, dies liess er durch einen ketzerischen Zindik aus dem Dorfe Kafar-Hâbis vornehmen, welcher gar kein Hehl daraus machte, dass die Ortsbewohner einen verschiedenen Glauben hatten und gelegentlich einen Andersgläubigen über die Seite zu schaffen suchten; zudem war der Winter im Anzuge, er bekam nach der Operation das kalte Fieber und starb im J. 1010 (1601). — Sein Bruder

46. **Ibrâhîm** ben Ahmed ben Muhammed ben 'Alí Burhân ed-dîn **Ibn Manlâ** el-Haçkafí wurde von seinem Vater, von Omar el-'Ordhí und Mahmûd el-Beilûní (64) unterrichtet; Muhibb ed-dîn Muhibbí (1) schickte ihm und seinem Bruder ein Doctor-Diplom aus Damascus zu im J. 995. Nachdem er von der Wallfahrt nach dem J. 1000 nach Haleb zurückgekehrt war, zog er sich von der Welt zurück und beschäftigte sich nur mit dem Lesen des Coran und mit Schriftstellerei. Über die unsicheren Überlieferer schrieb er ein Buch, welches einige Zusätze zu früheren Werken enthält (**Hagi** 708); ferner *Elevatio animi per historiam Naçûhi Pascha memoria dignam*, im J. 1020 verfasst (**Hagi** 1372). — *Commentarius purus* zu dem grammatischen Gedichte *Donum dilectis oblatum de flexu formarum* des Abd el-'azîz ben Abd el-wâhid im J. 993 geschrieben (**Hagi** 2529). — Commentar zu dem *Talchîç el-miftâh de doctrinis sententiarum et expositionis* des Mahmûd ben Abd el-rahman el-Cazwíní († 739) und Glossen dazu (**Hagi** 3541 pag. 408). — *Hippodromus concertationis et ornatus certaminis de colloquiis et epistolarum commerciis* (**Hagi** 4608). — *Auxilium absolutissimum de responsis juridicis virorum doctorum aequalium* gegen einen Prediger, welcher dem Trunke ergeben war (**Hagi** 11959). — Drei Commentare, einen längeren, mittleren und kleineren über die *Folia de principiis* des Abd el-malik el-Guweiní († 478. **Hagi** 14205. Index Nr. 2265). — Die *Margaritae et splendores* über das Hanefitische Recht brachte er in ein Gedicht im Versmaasse Ragaz, machte auch einige selbständige Gedichte und starb bald nach dem J. 1030 (1620).

47. **Ahmed** ben Muhammed **el-Calí** el-Himçí el-Hanefí wurde in Himç (Emessa) geboren und kam als Knabe mit seinem Vater nach Damascus; als sie in die Stadt eintraten und in der Nähe der Moschee

el-Açcâb waren, fiel der Vater todt nieder, und nachdem das Leichengebet für ihn in der Moschee Man'gak gehalten war, wurde er auf dem Todtenhofe am Paradies-Thore beerdigt. Der Knabe Ahmed blieb in Damascus, lernte sehr fleissig und stand eine kurze Zeit im Dienste des Mûsá el-Sujûrí (des Riemers), dann studirte er die Rechte bei Omar ben Muhammed el-Câri (90), Abd el-rahman ben Muhammed el-'Imâdi (35) und Jûsuf ben Abul-Fatḥ el-Sukeijifí (63), und er war auch in anderen Fächern bewandert. Er wurde Repetent an der hohen Schule Suleimânia, an welcher damals Muhammed ben Cubâd el-Sakûti (73), der Nachfolger des genannten 'Imâdí († 1051) als Mufti von Damascus, erster Professor war. Er galt für einen der besten Lehrer. Fadhlallah (9) las bei ihm zwei Drittel des Cudûri und einen Theil des *Ichtijâr Electio* d. i. des Commentars des Ma'gd ed-dîn Abdallah ben Maḥmûd († 683) zu seinem eigenen Werke *Delectus de partibus juris Ḥanefitici derivatis* (**Ḥa'gi** 11585). Zuletzt war Ahmed Vorsteher der Moschee auf der Burg (*cal'a*) von Damascus, wo er auch wohnte und wovon er den Namen el-Cal'í erhielt und er starb im Laufe des J. 1067 (1657).

48. Ahmed ben Muhammed ben Muhammed ben Ahmed ben Muhammed Ibn Furfûr el-Ḥanefí, dessen Vorfahren zu den Zierden der Wissenschaften in Damascus gehörten, wurde hier in Çafar 984 (Mai 1576) geboren und von Abd el-Ḥakk el-Ḥi'gâzí (82) u. A. unterrichtet. Er hatte sich zu einem tüchtigen Juristen ausgebildet und lehrte an der Schâfi'itischen Schule Çaçâ'ia, dabei war er Meister in der Rechenkunst, Musik und Rhetorik und wusste Zuschriften, die an ihn in Versen gerichtet wurden, auch in Versen zu beantworten. Als er schwerhörig wurde, kam er nur noch mit einigen gelehrten Freunden zusammen, sonst lebte er für sich allein und hatte Sorge um seinen Unterhalt, den er aus einem Legate seiner Vorfahren bestreiten musste. Am meisten beschäftigte er sich mit Räthselaufgaben, deren er eine grosse Menge mit ihren Lösungen wusste. Er starb in der Nacht auf den Donnerstag d. 11. Muḥarram 1037 (22. Sept. 1627) und wurde in ihrem Familienbegräbniss, welches an das Grab des Scheich Arslân anstösst, beerdigt. — Sein Sohn

49. Abd el-wahhâb ben Ahmed ben Muhammed ben Muhammed ben Ahmed ben Mahmûd ben Abdallah ben Mahmûd el-Furfûrí el-Haneff wurde im J. 1012 (1603) in Damascus geboren; er fing seine Studien bei dem Scheich Abd el-latîf el-Gâlikí (34) und el-Scharaf el-Dimaschkí (94) an, hörte die Traditionen bei dem Scheich Omar el-Câri (90) und trat dann in den Dienst des Abd el-rahman el-'Imâdí (35), welcher ein solches Zutrauen zu ihm hatte, dass er ihn zum Repetenten für seine Vorlesungen über die Traditionen des Bochârí annahm; in den juristischen Fächern waren Ahmed Ibn Kûlâksiz (52) und Abd el-latîf el-Minkârí (23) seine Lehrer gewesen. Er fing dann seine Vorlesungen nach den Grundsätzen der Türken an, Ahmed ben Schâhîn (53) trat ihm vor seinem Tode (1053) die Professur an der Gakmakia ab und er bekam einen grossen Zuhörerkreis. Sehr häufig wurde ihm die grosse Stellvertretung übertragen und er bekam den Rang (und die Besoldung) eines ins Amt eintretenden, wie es zur Zeit in unserem Lande allgemein bekannt ist. Als der Wezir Ahmed Pascha el-Fâdhil im J. 1071 nach Damascus kam, besuchte er Abd el-wahhâb öfter, da er seine vortrefflichen Eigenschaften kennen lernte, und als er im J. 1072 Grosswezir wurde, ernannte er ihn zum Mufti in Damascus und der Scheich Abd el-ganí el-Nâbulusí (12) brachte die Jahrszahl der Ernennung in den Schlussworten eines Gedichtes an:

Bei Gott! der Richterspruch ist unter euch nicht ungerecht, rechnet:

بل آلت الفتوى لاهليها

Vielmehr ist der Spruch seinen Bewohnern beschworen.

Er verwaltete sein Amt zur allgemeinen Zufriedenheit, starb aber nicht lange nachher am 15. Muharram 1073 (30. Aug. 1662) und wurde in dem Familienbegräbniss beerdigt. — Sein Bruder

50. Wali ed-dîn ben Ahmed ben Muhammed el-Furfûrí el-Hanefí wurde in Damascus geboren und erzogen und von verschiedenen Gelehrten unterrichtet; er stand dann im Dienste seines Bruders Abd el-wahhâb, für welchen er die Rechtserkenntnisse ins Reine schrieb. Er erhielt die Vertretung als Cadhi bei dem Gerichte neben der Reitbahn und bei der Vertheilung der Erbschaften und Unterstützungen,

wobei es für ihn viel zu thun gab; auch war er Cadhi bei der Syrischen Pilgerkarawane. Indess zeigte er sich in seinen Geschäften sehr flüchtig und ohne Ausdauer und führte ein unstätes Leben, wusste aber seine Fehler gut zu verbergen. Er starb am Ende des Dsul-Ḥiggа 1072 (15. Aug. 1662). — Zu derselben Familie gehört

51. Muhammed ben Muhammed ben Abd el-rahman ben Ahmed Ibn el-Furfûr el-Ḥanefí. Er wurde am 13. Dsul-Ca'da 981 (6. Febr. 1574) in Damascus geboren, erhielt den ersten Unterricht von seinem Oheim dem Cadhi Gamâl ed-dîn und studirte dann vorzugsweise die Elemente und Flexionslehre der Grammatik bei dem Cadhi Muhammed el-Andalusí Ibn el-Magribí († 1016); bei Hasan el-Bûrini (G. 551) las er einen Theil des Commentars des Taftâzâní zu dem *Talchiç* und nahm dann an den Vorlesungen des Muḥibb ed-dîn el-Muḥibbí (1) Theil. Er erhielt die Oberaufsicht über die Verwaltung der milden Stiftungen und lehrte an der Aglabekia im Quartier der Kimeria in Damascus, welche für ihre Familie gestiftet war. Er hatte einen schönen Wuchs und guten Anstand und hielt sich prächtige Pferde nach Art der vornehmen jungen Leute. Zu der Zeit als der Emir Muhammed ben Mangak Präfect von Damascus war, wollte er einen Streit zwischen Muhammed el-Furfûrí und seinem Vetter Omar ben Gamâl ed-dîn über ihre Familien-Stipendien durch den Cadhi Muhammed el-Scharif vermitteln lassen, der Cadhi, welcher durch seine Härte und Rücksichtslosigkeit bekannt war, entschied nicht nur gegen el-Furfûri, sondern entsetzte ihn auch seiner Stellen, sodass er plötzlich ganz mittellos und in die äusserste Noth versetzt wurde. Der Emir führte zwar eine Aussöhnung der Verwandten herbei, allein Muhammed blieb in seiner bedrängten Lage; er erkrankte an einem heftigen Fieber und starb nach wenigen Tagen Freitag d. 21. Scha'bân 1022 (6. Oct. 1613) in seinem 33sten Jahre[1]; auch sein Vater war nur 33 Jahre alt geworden.

52. Ahmed ben Muhammed ben Ahmed ben Idrîs gen. Ibn

1) Ein Rechenfehler; die angeführten Jahrszahlen ergeben ein Alter von nicht voll 41 Jahren.

Kúláksiz, dessen Eltern aus Haleb stammten, wurde im J. 983 (1575) in Damascus geboren, studirte die Rechte unter Muḥibb ed-dîn (1) und el-Schams Muhammed Ibn Hilâl († 1012) und wurde ein sehr gesuchter Rechtsanwalt. Er lehrte an der hohen Schule Fârisia und starb am 9. Rabí' I. 1037 (18. Nov. 1627). Das Türkische Kúlâksik bedeutet ohne Ohren.

Ahmed ben Muhammed el-Ustuwâní (17).

53. Ahmed ben Schâhîn el-Kyprosí stammte von der Insel Kypros, das Volk spricht unrichtig Kyproç. Sein Vater war dort als Knabe in Gefangenschaft gerathen und nach Damascus gebracht, wo ihn ein Emir kaufte, erzog und dann unter die Soldaten steckte, und nach dem Tode des Emir avancirte er zu einem hohen Posten, auf welchem er sich auszeichnete. Ahmed wurde im J. 995 (1587) geboren und, als er herangewachsen war, gleichfalls dem Heere eingereiht. Bei dem Aufstande des 'Alí Ibn Gânbúlâds, als die Syrischen Truppen von ihm geschlagen, viele getödtet oder gefangen genommen wurden, gerieth auch Ahmed in Gefangenschaft, und nachdem er die Freiheit wieder erlangt hatte, vertauschte er Lanze und Schwerdt mit Papier und Feder. Er studirte unter Hasan el-Búrîní (G. 569), Omar el-Cári (90) und Abd el-rahman el-'Imâdí (35) verschiedene Fächer und wandte sich unter Abul-Ṭajjib el-Gazzi (95) und Abd el-laṭîf Ibn el-Minkâr (23) besonders den schönen Wissenschaften zu, bis er sich darin vollkommen ausgebildet hatte und einer der hervorragendsten Dichter und Stilisten seiner Zeit wurde, dessen Geisteserzeugnisse sich ebenso durch gewählte Ausdrücke, wie durch vollendeten Rhythmus und schöne Endreime auszeichneten; aus dem *Cámûs* hatte er einen Auszug gemacht und ihn mit vortrefflichen Zusätzen vermehrt. Um die Art und Weise der Türkischen Gelehrten noch näher kennen zu lernen, begab er sich nach Constantinopel und schloss sich an den Grossmufti Çan'allah ben Ga'far († 1021), dann wurde er stellvertretender Cadhi von Damascus und führte als solcher im J. 1030 die Syrische Pilgerkarawane nach Mekka, wo er den damaligen Scherîf Idrîs ben Hasan († 1034) in einer Caçîde besang. Danach erhielt er die Professur an der hohen Schule Gakmakia in Damascus,

welche seit dem Tode des Bustân el-Rûmí im J. 1003 erledigt geblieben war, wo er mit grossem Beifall lehrte. Hier nahm er den berühmten Geschichtschreiber Makkarí bei sich auf, als er im J. 1037 nach Damascus kam, sie führten angenehme Unterhaltungen mit einander und tauschten in poëtischen Zuschriften ihre Gedanken aus. Allein Ibn Schâhîn missbrauchte auch sein Talent und folgte ganz dem Beispiele des Spanischen Dichters Ibn Bassâm († 542), indem er wie dieser in seinen Gedichten seiner Zunge freien Lauf liess, über die Welt klagte, über seine Zeitgenossen sich lustig machte und sogar über seinen Vater spottete, was dadurch nicht gut gemacht wurde, dass er, als dieser im J. 1040 starb, seinen Verlust betrauerte und sich auf einige Zeit aus der Gesellschaft zurückzog. Ungeachtet seiner herrlichen Anlagen und Kenntnisse lebte er in dürftigen Verhältnissen und war mit seinem Schicksal unzufrieden, er suchte durch die Alchymie ein reicher Mann zu werden, sah aber bald ein, dass dies ein lächerliches Bemühen sei[1]. Er starb im Schawwâl 1053 (Dec. 1643) und wurde am Paradies-Thore begraben; es war an einem regnigten Tage, wesshalb der Dichter Emir Mangak ben Muhammed sich so ausdrückte:

Ich sprach, als Ibn Schâhîn den Lauf vollendet hatte,
und er war ein Mann, auf den Jeder zeigte:
Gott erbarme sich des hochgeehrten Herrn,
über welchen Erde und Himmel weinen!

54. Ahmed ben Schams ed-dîn el-Çaffûrí el-Schâfi'i gen. el-Beidhâwí war in Çaffûria, einer Stadt am Jordan nahe bei Tiberias, geboren, kam als junger Mann nach Damascus und wurde in die hohe Schule Ḥigâzia aufgenommen, wo er die Vorlesungen des Scheich Muhammed el-Ḥigâzí (51) und seines Sohnes Abd el-ḥakk (52) besuchte. Er blieb lange Zeit bei beiden als Hülfslehrer, die Schüler kamen zu ihm und lernten bei ihm; er hielt sich fern von dem Umgange mit

1) Muḥibbí verbreitet sich hier über die älteren Alchymisten: el-Râzí, el-Gildikí, 'Alí ben Mûsâ, Gâbir ben Ḥajjân, Ibn Waḥschîja, Ibn 'Arabí, el-Bûní und die Gegner, welche die Kunst lächerlich fanden: Abu Ḥajjân, Sujûṭi, Abd el-rahîm ben 'Alí Ibn Burhân.

anderen, lebte nur seinen Studien, die sich vorzüglich auf Geschichte bezogen, und schrieb viele Bücher ab mit vollständiger Vocalisation. Verheirathet war er nicht und wurde im J. 1048 (1673) ermordet und am Paradies-Thore begraben. Er gab nämlich zwei jungen Leuten Privatunterricht in der Arabischen Sprache und in den Rechtswissenschaften, worin sie gute Fortschritte machten, der eine war aus Gûṭa bei Damascus, der andere aus der Stadt selbst. Einige Verwandte des ersteren aus seinem Dorfe kamen in der Nacht, in welcher der nach Mekka für die Ka'ba bestimmte Umhang durch die Strassen geführt wird, zum Besuch zu jenen Dreien um sich zu vergnügen und blieben bis Mitternacht, dann überfielen sie den Beidhâwí und die beiden jungen Leute im Schlafe, brachten sie um, nahmen alle Werthsachen und Bücher mit sich, schlossen die Thür zu und entfernten sich, ohne dass Jemand sie bemerkt hatte. Erst acht Tage nachher wurde durch den Geruch in der Schule der Mord entdeckt und bei dem Gerichte angezeigt; die Leichen wurden gewaschen, in Todtenkleider gewickelt und begraben. Die Thäter wurden nicht entdeckt, indess nahm der Richter Mahmûd el-Baltaǵí, Vertreter des grausamen Muçṭafá Pascha Silâḥdâr, von dem Vorfall Veranlassung, von den Bewohnern des Quartiers und von einigen Dörfern um Damascus eine Sühne von etwa 2000 Thalern zu erpressen.

55. Ahmed ben Manlâ Zein ed-dîn el-'Aǵamí el-Nach'guwâní mit dem Beinamen el-Manṭikí, dessen Vorfahren aus Nach'guwân in Adserbeiǵân stammten, wurde im J. 1003 (1594) in Damascus geboren und studirte die schönen Wissenschaften; der berühmteste seiner Lehrer war Scharaf ed-dîn el-Dimaschkí (94), er zeichnete sich schon in jungen Jahren aus, erhielt wegen seiner Gewandtheit in der Rede- und Dichtkunst den Namen el-Manṭikí d. i. der Redner und in dem Kreise seiner Zuhörer sammelten sich auch Kurden und Perser, da er der Arabischen, Persischen und Türkischen Sprache gleich mächtig war. Er erhielt die Professur an der hohen Schule Selîmia in Çâliḥia der Vorstadt von Damascus, welche bis dahin Abd el-rahman el-'Imâdí (35) bekleidet hatte, indess wurde dieser nach einiger Zeit wieder eingesetzt. Manṭikí

reiste desshalb im J. 1025 nach Haleb, wo sich damals der Wezir Muhammed Pascha aufhielt, welcher von dem Sultan Ahmed als Höchstcommandirender mit einer Armee zur Bekriegung des Schâh von Persien 'Abbâs Châu ausgesandt war. Er fand bei ihm ein sehr wohlwollendes Entgegenkommen und sollte die Professur wieder erhalten, kehrte jedoch mit einiger Besorgniss nach Damascus zurück und es wurden ihm hier grosse Schwierigkeiten gemacht. Desshalb reiste er im J. 1028 zum zweiten Male nach Haleb in Begleitung des Schatzmeisters von Damascus Mahmûd el-Rûmí und wandte sich an den dortigen Cadhi Abd el-karîm ben Sinân (33), der ihm alles Gute erwies, aber in demselben Jahre selbst abgesetzt wurde, worauf sich beide nach Constantinopel begaben. Hier machte sich Mantikí bald in der vornehmen Gesellschaft beliebt durch seine angenehme Unterhaltung und sein feines Benehmen, die Grossen suchten ihn auf und erwiesen ihm besondere Ehre, er hielt Vorlesungen in mehreren hohen Schulen, erwarb sich dadurch ein bedeutendes Vermögen und erndtete viel Ruhm. Auch der Sultan Murâd hörte von ihm, liess ihn zu sich kommen und machte ihn zu seinem Gesellschafter; er kam bei ihm mit dem bekannten satirischen Dichter Nafî[1] zusammen, sie hielten witzige Gespräche, über welche sich der

---

1) Omar gen. Naf'î war in der Stadt Hasan cal'a si fünf Stunden von Erzen el-Rûm (Erzerum) nach der Seite von el-Carç zwei Tagereisen von Tiflîs geboren und kam nach Constantinopel, wo er bald als Secretär durch seine schöne Handschrift und seinen gewandten Stil bekannt wurde und sich besonders als Dichter durch seine Loblieder auszeichnete und in obscönen Satiren ihm keiner gleich kam. Schon der Sultan Ahmed (reg. 1012—1026) hatte davon gehört und liess sich eine Sammlung dieser Satiren vorlesen; am Schlusse brach ein Gewitter los und mit heftigem Donner fuhr ein Blitz ganz nahe bei dem Versammlungssaal nieder, was für eine Vorbedeutung eines grossen Unglücks gehalten wurde. Der Sultan Murâd (1032—1049) hatte sein Gefallen an Naf'î und als Beirâm Pascha Grosswezir wurde, der schon hochbetagt und nachlässig schmutzig war, befahl der Sultan dem Naf'î auf ihn eine Satire zu dichten. Er weigerte sich anfangs, gab aber endlich dem Andringen nach und machte eine lange Caçîde, worin er sich die ärgsten Übertreibungen erlaubte. Als der Wezir dies erfuhr, eilte er zum Sultan, beschwerte sich darüber und sagte: entweder du tödtest Naf'î oder, wenn du lieber willst, so tödtest

Sultan ergötzte, und schmähten auf einander, wenn einer von ihnen allein bei dem Sultan war, wozu dieser sie noch ermunterte. Als der Grosswezir Ahmed Pascha el-Ḥâfidh im Ramadhân 1041 bei einer

du mich; und er wurde so zudringlich, dass der Sultan endlich den Dichter in seine Hände gab und er ihn umbringen liess, im J. 1042 (oder 1044. Ḥagi 5720).

Ähnlich erging es dem Dichter Ali Ibn el-Rûmí mit dem 'Abbasiden-Chalifen el-Mu'taçim, dessen Wezir el-Fadhl ben Marwân einmal eine Gesellschaft zu einem Gastmal eingeladen, aber Ibn el-Rûmí vergessen hatte. Gegen Ende des Males fiel es ihm ein und er liess ihn noch rufen, und als er kam, wurde ihm eine Schüssel mit sieben verschieden gefärbten Eiern gereicht. Er nahm sich ein rothes, ass es auf, entfernte sich dann wieder und machte darauf zwei Spottverse:

Unser Wezir ist freigebiger als Ḥâtim [1];
Ich habe auf seine Einladung ein Ei gegessen,
Welches seine Mutter —
[Den höchst obscönen Nachsatz mag ich nicht hersetzen.]

Als der Chalif el-Mu'taçim diese Verse hörte, lachte er, liess Ibn el-Rûmí rufen und sagte: mache auch einmal auf mich ein Spottgedicht. Er entgegnete: davor behüte mich Allah, o Fürst der Gläubigen! wie könnte ich über den spotten, welchen Allah und sein Gesandter loben! — Es soll ja nur zum Scherz sein, sagte der Chalif, damit der Wezir nicht auf böse Gedanken kommt. Der Dichter weigerte sich noch und erst auf wiederholtes Andrängen des Chalifen sprach er:

Der 'Abbasiden-Herrscher waren sieben auf Erde,
von einem achten melden uns die Bücher nichts.
So waren auch der Schläfer in der Höhle sieben Edle,
wenn man sie zählt, und der achte war ein Hund [2]).

el-Mu'taçim lachte und behielt die Verse für sich, dachte aber, wenn er fortgeht, wird er überall erzählen, welche Spottverse er auf mich gemacht hat. Als nun der Tisch gedeckt wurde, nahm er eine Pastete, that Gift hinein und reichte sie dem Dichter, welcher sie annahm, ohne zu ahnen, was darin sei; nachdem er sie gegessen hatte und die Wirkung fühlte, stand er eilig auf, liess sich indess nichts merken; da fragte ihn der Chalif: wohin? — Dahin, wohin du mich schickst. — Wohin schick ich dich denn? — Ins Grab. — Grüsse meinen Vater Hârûn. — Mein Weg führt nicht in die Hölle. — Ist denn mein Vater in der Hölle? — Ja! wer einen Sohn hat wie dich, dessen Aufenthalt kann nur in der Hölle sein. — Als er nach Haus kam, starb er.

1) Hâtim el-Ṭâï der durch seine Freigebigkeit berühmte Beduinen-Häuptling.

2) el-Mu'taçim war der achte 'Abbasiden-Chalif.

Revolte von den Soldaten ermordet wurde, zog sich Manṭikí aus Furcht vor ihnen aus der Gesellschaft des Sultans zurück und hielt sich verborgen, bis dieser wieder die Oberhand gewonnen, einige der Aufständigen getödtet, andere zerstreut und in die Verbannung geschickt hatte. Da kam er wieder hervor, wurde aber von der übrigen Umgebung des Sultans argwöhnisch angesehen, während der Grossmufti Jaḥjá ben Zakarijà (105 und andere hohe Staatsbeamte den Umgang mit ihm fortsetzten. So blieben die Verhältnisse, bis Manṭikí zum Ober-Cadhi von Ḥaleb ernannt und dann zum Cadhi von Damascus befördert wurde, und seine Amtsführung war hier eine vorzüglich gute. Inzwischen war ein Günstling des Sultans Murâd, der Wezir Muçṭafá Pascha Silâhdâr, im J. 1048 zum Präfecten von Damascus ernannt und dieser schickte dahin als seinen Stellvertreter einen Mann Namens Othmân el-Tschiftelri, ein verachteter Mensch, dessen Anstellung in der Omeijaden-Moschee öffentlich verlesen wurde. Mit diesem gerieth Manṭikí bald in Zwiespalt wegen der Ungerechtigkeiten, die jener sich zu Schulden kommen liess, wogegen auch Manṭikí seine Befugnisse überschritt. So hatte er z. B. auf dem Todtenhofe am Paradies-Thore das Grabmonument eines Nachkommen des Chalifen Abu Bekr, welches von frommen Leuten besucht wurde, zerstören lassen, weil dort einmal irgend ein Unbekannter in unsittlicher Handlung betroffen war. Oder: Als die Nachricht von der Einnahme der Festung Eriwân und der Unterwerfung des Persischen Sultans 'Abbâs Schâh nach Damascus kam und von Othmân dem Cadhi, der sich zur Zeit in el-Çâliḥia aufhielt, mitgetheilt wurde, beeilte sich dieser gar nicht, von dort herzukommen und in der Sitzung der Diwane zu erscheinen, wie es sich gehört hätte. Dagegen liess er öfter seiner Zunge gegen die hohen Beamten des Reiches, selbst gegen den Wezir freien Lauf. Es dauerte nun nicht lange, bis das Decret seiner Absetzung eintraf und bald darauf kam

Hiergegen ist zu erinnern, dass nach *Ibn Chall.* 474 Ibn el-Rûmí im J. 284 von el-Câsim ben Obeidallah, dem Wezir des 16. 'Abbasiden el-Mu'tadhid vergiftet wurde, womit andere Angaben über seine Zeitgenossen übereinstimmen.

der Befehl des Sultans ihn hinzurichten; er wurde auf das Schloss geholt und Freitag Morgen d. 13. Ġumâdá II. 1045 (24. Nov. 1635) erdrosselt und, nachdem der Gottesdienst in der Omeijaden-Moschee beendigt war, vor dem Paradies-Thore nahe bei dem Grabe des Abu Schâma Abd el-rahman el-Mukaddasí († 665) beerdigt; sein Vermögen wurde zum Besten des Fiscus eingezogen. Die Jahrszahl seiner Ermordung hat Jemand in dem Zahlwerth der Buchstaben durch die Worte ausgedrückt. قل مسقط الراس دمشق »Sprich: Der Ort, wo das Haupt fiel[1]). ist Damascus.«

56. Scheich Ajjûb ben Ahmed ben Ajjûb el-Ḥanefí Cutb ed-dîn el-Chalwatí el-Çâlihí wurde in Çâliḥia, dem Vororte von Damascus, im J, 994 (1586), geboren und von Muḥibb ed-dîn (1), Nidhâm ed-dîn el-Sindí († 1016), Abu Bekr el-Sindí († 1018) und Abd el-ḥakk el-Ḥigâzí (82) in verschiedenen Fächern unterrichtet, die Traditionen hörte er bei Ibrâhím Ibn el-Aḥdab († 1010) und Ahmed ben 'Alí el-'Osâlí (41) führte ihn in die Chalwat-Lehre ein. Er wurde einer der berühmtesten Lehrer seiner Zeit und Imâm an der Moschee des Sultans Selîm in Çâliḥia; er hatte eine schöne Stimme beim Vorlesen und besass auch Kenntniss in der Musik. Zweimal machte er die Wallfahrt nach Mekka und sechsmal die Reise nach Jerusalem, und als ihn im J. 1050 der Sultan zu sich bescheiden liess, hatte er mit ihm eine Zusammenkunft und segnete ihn beim Abschiede. Er hat eine grosse Menge Bücher und Abhandlungen nach seinen mystischen Ansichten geschrieben, am bedeutendsten ist seine Abhandlung *Thesaurus auxilii*, dann *Praestantissima segregatio et lucus cultus unius Dei*; *Thesaurus luminum et nocturnae considerationes*; *Tractatus* الاسقية *de doctrina Chalwatica*; *Thesaurus machinationis divinae*; ein Heft Nachrichten über seine Lehrer

1) Der Ausdruck ist hier doppelsinnig, da er gewöhnlich für »Geburtsort« gebraucht wird. Übrigens ergeben die Buchstaben die Zahl 1075 und man wird desshalb das ل 30 in الراس nicht mitzuzählen haben, da es wegen der Assimilation beim Sprechen nicht gehört wird. Eine andere Schwierigkeit, dass nach anderen Nachrichten Schâh 'Abbâs schon im J. 1038 gestorben ist, dagegen Eriwân im J. 1045 an die Perser verloren ging, bleibt noch zu lösen.

in den Traditionen; eine Anzahl Gedichte. — Ein glaubwürdiger Mann hatte dem Muḥibbí (10) erzählt, dass Ajjûb gesagt habe: Ich verstehe 80 Wissenschaften, von diesen ist den Menschen ein Theil in Wahrheit bekannt, ein Theil dem Namen nach und einen Theil kennen sie gar nicht. Er starb Mittwoch d. 1. Çafar 1071 (6. Oct. 1660).

57. Abul-Hasan 'Alí ben Ibrâhím ben 'Alí 'Alâ ed-dîn el-Cabardí el-Çâliḥí el-Schâfi'í wurde im J. 984 (1576) geboren, studirte Philosophie und Mystik unter Abu Bekr el-Sindí († 1018) und Nidhâm ed-dîn el-Sindí († 1016) und die Rechtswissenschaften unter Ibrâhîm ben Muhammed Ibn el-Aḥdab († 1010); bei Schams ed-dîn Muhammed el-Meidâní (84) hörte er die Traditionen und hielt dann darüber Repetitionen, denen der Lehrer wieder beiwohnte, und als dieser die Wallfahrt machte, übertrug er dem Schüler ganz seine Stelle in der Ecke unter der Adler-Kuppel in der Omeijaden-Moschee, wo er seine Vorlesungen hielt. Nachher erhielt er in der Vorstadt Çâliḥia in der hohen Schule 'Omaria ein Zimmer mit einer sehr knappen Besoldung, die ihm aber genügte, während er einen ausgebreiteten Ruf erlangte und die Studirenden seine Vorlesungen so eifrig besuchten, dass sie sich im Winter durch Regen und Schnee nicht abhalten liessen aus der Stadt zu ihm hinauszukommen; nachher verschaffte ihm der Cadhi Ahmed ben Zein ed-dîn el-Manṭikí (55) eine bessere Stelle an der hohen Schule Murschadia. Er erblindete indess zwei Jahre vor seinem Tode und starb am 23. Dsul-Ca'da 1060 (17. Nov. 1650).

58. Abu Bekr ben Mas'ûd el-Magribí el-Mâlikí wurde ums J. 984 (1576) in Marokko geboren, wo seine Familie unter dem Namen »Haus el-Wardí« bekannt war. Er kam über Ägypten zum ersten Male im J. 993 nach Damascus, kehrte aber nach Câhira zurück und besuchte die juristischen Vorlesungen des Mâlikiten Scheich el-Schams Muhammed el-Banûfarrí und des Scheich Ṭah el-Mâlikí, hörte die Grundlehren der Theologie bei dem Scheich Hasan el-Ṭanâní, las aber besonders bei dem grossen Traditionslehrer Abul-Nagâ Sâlim ben Muhammed el-Sanhûri Mufti der Mâlikiten in Ägypten († 1015). Im J. 1003 ging er wieder nach Damascus um sich bleibend dort niederzulassen, und

setzte seine Studien fort bei dem Mâlikiten Mufti 'Alâ ed-dîn. Nach dem Tode des Cadhi Muhammed Ibn el-Magribí im J. 1016 erhielt er dessen Stelle und die Professur an der Gazzâlia, letztere musste er aber in der Folge an Jahjá ben Abul-Çafâ Ibn Mahâsin (101) abtreten. und er starb im Scha'bân 1032 (Juni 1623).

Abul-Çafâ ben Muhammed el-Ustuwâní (14).

Çan'allah ben Muhibballah el-Muhibbí (8).

Fadhlallah ben Ali el-Ustuwâní (20).

59. Fadlallah ben 'Ísá el-Bosnawí el-Hanefí wurde im J. 969 (1561) in Bosna-Saraj geboren. erhielt eine gute Erziehung. studirte in Bosna die Rechte und wurde dann zum Richter in Belgrâd ernannt. wo er mit aller Umsicht verfuhr. In der Absicht die Wallfahrt zu machen kam er im J. 1020 nach Damascus und nachdem er diesen Vorsatz ausgeführt hatte, blieb er auf der Rückkehr in Damascus, erwarb ein Haus am Thore el-Gâbia in dem Quartier Scheich 'Amûd und hielt anfangs Vorlesungen in der hohen Schule Amînia. darauf bekam er im Ramadhân 1021 die Takwia von el-Schihâb el-'Aithâwi (12) und es wurde ihm eine Halle in der östlichen sogen. Muhajjâ-Capelle der Omeijaden-Moschee eingeräumt. wo er seine Privatvorlesungen hielt und seine Ansichten vor einem Kreise der ersten Gelehrten aufs beste begründete. Lange Zeit gab er in Damascus auch Rechtsgutachten ab und er war als Rechtsconsulent sehr gesucht. Die Chalwat-Lehre nahm er von dem Scheich Ahmed el-'Osâlí (41) an. wurde sein Anhänger und zog sich mit ihm in die Einsamkeit zurück. Er erbaute eine Capelle in dem Quartier el-Hasûdia ausserhalb der Stadt nahe bei der Moschee des Jelbogâ und richtete dafür Beneficien ein, wozu er die Pacht der von ihm gestifteten Weinschenken am Markte Raçîf in der Nähe der hohen Schule Amînia bestimmte. Er nahm sich auch der Landbewohner an, wurde aber zuletzt bei dem Ober-Cadhi Abdallah ben Mahmûd el-'Abbâsí († 1042) angeklagt. dass er den Bauern an Getreide. welches sie ihm als Professor an der Amînia zu liefern hatten. zuviel abverlangt habe. Er erhielt von dem Cadhi einen derben Verweis. den er doch in seinem ganzen Leben nicht verdient hatte, vielmehr war er von

den Weziren und Angesehenen immer sehr geachtet. Er starb Donnerstag d. 22. Çafar 1039 (11. Oct. 1629).

Fadhlallah ben Muhibballah el-Muhibbí (9).

Fadhlallah ben Schihâb ed-dîn el-'Imàdí (37a).

Fathallah ben Mahmud ben Muhammed el-Beilùní (65).

Hasan ben Ahmed el-Ustuwâní (18).

60. Hasan ben 'Ammâr ben 'Alí Abul-Ichlâç el-Schurunbulâlí d. i. (nach einer ungewöhnlichen Ableitung) aus Schabrâ balûla, einer der vier gleichnamigen Städte in Ägypten, von denen die hier gemeinte in der Provinz Manûfia lag, dem oberen Manûf am Nil gegenüber, wurde von seinem Vater nach Câhira gebracht, als er beinahe sechs Jahre alt war. Hier erhielt er den ersten Unterricht im Coranlesen bei dem Scheich Muhammed ben Abd el-rahman el-Hamawí († 1017) und dem Scheich Abd el-rahman el-Masìrí und studirte die Rechte bei Abdallah el-Nihrìrí und Muhammed el-Muhibbí el-Miçrí († 1041), auf welche er sich in der Folge immer berief, und bei 'Ali ben Gânim el-Macdisí. Er wurde ein berühmter Hanefitischer Rechtslehrer und zu seinen Schülern gehörten unter den Ägyptiern Ahmed el-'Agamí († 1086), Ahmed el-Hamawí, Schâhîn el-Armanâwí († 1100) u. A. und unter den Syrern Ismâ'îl el-Nâbulusí (13). Mit seinem intimen Freunde dem grossen Lehrmeister Abul-Is'âd Jûsuf ben Abd el-razzâk Ibn Wafâ el-Mâlikí, welcher die Wafâ-Schâdsilí-Lehre durch die Kette von 26 Lehrern in gerader Linie von 'Alí ben Abu Tâlib überliefert erhalten hatte (62), machte er im J. 1035 die Wallfahrt nach Jerusalem. Fadhlallah el-Muhibbí (9) lernte ihn während seines Aufenthaltes in Câhira im J. 1059 kennen und ertheilt ihm in seinem *Iter Aegyptiacum* das grösste Lob. Er starb Freitag nach dem Abendgebet am 21. Ramadhân 1069 (12. Juni 1659) etwa 75 Jahre alt.

Hasan ben Muhammed el-Bûrînî (G. 551).

Hasan ben Abul-Fadl Muhammed el-Meidâní (72).

Hasan ben Mûsá Ibn 'Atif (92).

Ibrâhîm ben Abd el-rahman el-'Imâdí (38).

Ibrâhîm ben Ahmed Ibn Manla el-Haçkafí (46).

61. Ibrâhîm ben Mançûr gen. el-Fattâl »die Nachtigall« wurde zu Damascus in ärmlichen Verhältnissen geboren, brachte es aber durch Fleiss und Ausdauer dahin, dass er so viel erwarb um sich den gelehrten Studien widmen zu können, und besuchte die Gelehrten seiner Zeit wie Maḥmûd el-Kurdí († 1074), Ahmed ben Muhammed el-Cal'i (47), el-Nagm el-Gazzí († 1071. G. 569). Als er dann anfing selbst Vorlesungen zu halten, machte er sich alsbald bekannt durch seinen klaren und gründlichen Unterricht, die jungen Leute strömten ihm zu, bewiesen ihm ihre besondere Anhänglichkeit, zogen aber auch grossen Nutzen aus seinen Vorlesungen. Es waren ihrer eine unzählige Menge, sodass sämmtliche bedeutende Männer der nächsten Generation in Damascus seine Schüler waren, die sich damit rühmten und ihm dankten, und er liebte sie alle wie ein Vater seine Söhne. Zu ihnen gehörten Abul-Çafâ und sein Bruder Abul-Is'âd Söhne des Ajjûb, Fadhlallah el-'Imâdi (37a), Abd el-câdir Ibn el-Hâdi (29), 'Othmân der Repetent, Ismâ'îl ben el-Ḥâïk, Abd el-ganí el-Nâbulusí (12, und sein Bruder Jûsuf, Abul-Mawâhib el-Ḥanbalí, Derwîsch el-Ḥulwâní, Abul-Su'ûd ben Ta'g ed-dín el Kubâkibí († 1094) und Muhammed el-Muḥibbí (10). Ibrâhîm hielt seine Vorträge vor einem grossen Zuhörerkreise anfangs in der Omeijaden-Moschee zwischen der Maççûra und der Kanzelthür, in der Folge verlegte er sein Auditorium nach der Traditions-Schule Ahmedia in das östliche Zimmer, im Sommer las er in der östlichen Halle nahe dem Geirûn-Thor; seine Vielseitigkeit ist daraus zu ersehen, was alles Muḥibbí (10) bei ihm hörte. Die letzten Jahre verbrachte er fast nur in seinem Hause in dem Stadtviertel Kallâsa »Kalkgrube«, hier las er über das grammatische Werk *Mugni el-labíb* des Ibn Hischâm (Ḥaǵi 12496), den Commentar zum Beidhâwí, die Traditionen des Bochârí, die *Hidâja*, den Commentar des Ibn Ḥagar zu den 40 Traditionen des Nawawí, den Commentar des Maḥmûd el-Içpahâní zu den *Ortus luminum* des Beidhâwí über Metaphysik (Ḥaǵi 7990) und in der hohen Schule hielt er Vorlesungen, weil er daraus ein Stipendium bezog, da ungeachtet seiner Berühmtheit seine Einnahmen sehr gering waren, wesshalb er sich auch bei einem Handelsgeschäfte betheiligte. Zu

seinen Schriften, welche von seinem Scharfsinn Zeugniss geben, gehören die Glossen zu dem Commentar des Ahmed el-Fâkihí († 924) über die *Guttae pluviae* d. i. die Einleitung in die Grammatik von Ibn Hischâm **Ḥaǵi** 9541), auch hat er einige Gedichte gemacht. Er starb Sonnabend d. 17. Dsul-Ca'da 1098 (24. Oct. 1687) nahe an 70 Jahre alt.

'Imâd ed-dîn ben Abd el-rahman el-'Imâdí (36).

Ismâ'îl ben Abd el-ganî el-Nâbulusí (13).

Ismâ'îl ben Abd el-ḥakk el-Ḥigâzí (83).

Ismâ'îl ben Ahmed el-Nâbulusí (11).

Jaḥjá ben Abul-Çafâ Ibn Maḥâsin (101).

Jaḥjá ben Muhammed el-Minkârí (22).

Jaḥjá ben Omar el-Minkârí (24).

Jaḥjá ben Zakarîjâ Ibn Beirâm (105).

62. Abul-As'âd Jûsuf ben Abul-'Aṭâ Abd el-razzâk Ibn Wafâ el-Mâlikí el-Miçrí genoss den Unterricht des Abul-Nagâ el-Sanhûrí, Abu Bekr el-Schanwâní, el-Danûscharí, Fâïd el-Azharí und el-Aghûrí und war einer der grössten Gelehrten seiner Zeit, ein guter Dichter und so gewandter Stilist, dass die besten Redner und Sprachkenner daran verzweifelten, es ihm gleich zu machen. Vorzüglich ist er aber als Mystiker berühmt geworden, der die Wafâ-Schâdsilí Regeln annahm und sich in den Ordens-Mantel kleidete. Mehrmals machte er die Wallfahrt, besuchte auch Jerusalem und starb gleich nach der Rückkehr von einer Wallfahrt Anfangs Çafar 1051 (Mitte Mai 1641); an der Leichenfeier in der Moschee el-Azhar betheiligte sich eine solche Menge, wie sie zu jener Zeit nicht gesehen war.

Muḥibbí giebt hier die Kette der Überlieferer der richtigen Wafâ-Schâdsilí Lehre bis auf 'Ali ben Abu Ṭâlib in folgender Weise: Jûsuf Ibn Wafâ erhielt sie von seinem Oheim dem Lehrmeister Muhammed, dieser von seinem Vater Abul-Makârim Ibrâhím; von seinem Vater Abul-Fadhl Muhammed *el-magdsûb* d. i. *Contemplativus*; von seinem Vater dem Meister Abul-Maḥârim Muhammed; von Abul-Fadhl Abd el-rahman *el-schahîd* d. i. *Martyr*; von seinem Vater Schihâb ed-din Sîdi Ahmed Bruder des 'Alí; beide von ihrem Vater dem grossen Lehrmeister Abul-Fadhl Sîdî Muhammed Wafâ; von Sîdi Dâwûd Bâḥalâ Verfasser der *Veritates exquisitissimae* und Commentator des *Liber precum maritimus* (**Ḥaǵi** 4480); von dem grossen

Meister Tâg ed-dîn Ibn 'Atâallah el-Iskanderi († 709) Verfasser der *Illustratio de abolendo regimine* (Ḥagi 3703. *Gotha* 891), der *Sententiae* (Ḥagi 4581. *Gotha* 890), der *Praestantissima beneficia* (Ḥagi 11136) u. a. (Ḥagi *Index* Nr. 8715); von dem Meister Abul-'Abbâs el-Mursí (Ḥagi 11136); von Abul-Hasan el-Schâdsilí († 656. Ḥagi *Index* Nr. 7098); von dem Scherif Abd el-salâm ben Baschîsch; von dem Scherîf Abu Muhammed Abd el-rahman el-'Attâr el-Hasaní el-Idrisí; von Abu Madjan el-Tilimsâní; von el-Schâsí; von Abu Sa'îd el-Magribí; von Abu Ja'cûb el-Nahrḥawí; von el-Guneid († 297. *Ibn Chall.* 143); von Ma'rûf el-Karchí († 200. *Ibn Chall.* 739); von 'Alí el-Ridhâ († 202 *Ibn Chall.* 434); von dessen Vorfahren Mûsá el-kâdhim, Ga'far el-çâdik, Muhammed el-bâkir, 'Alí Zein el-'âbidîn, Husein, 'Alí ben Abu Tâlib.

Jûsuf el-Badí'í (G. 576).

63. Jûsuf ben Abul-Fatḥ ben Mançûr Gamâl ed-dîn el-Fatḥi el-Sukeijifí el-Hanefí wurde im J. 994 (1586) in Damascus geboren und von Hasan el-Bûrîní (G. 551) unterrichtet und von Ahmed el-'Osâlí (41) in die Chalwat-Lehre eingeweiht. Er war mit den besten Anlagen ausgerüstet, als Schüler sehr folgsam, hatte eine angenehme Aussprache und eine schöne Stimme. Seine erste Anstellung als Prediger erhielt er an der Selîmia in Gûṭa bei Damascus, dann reiste er nach Constantinopel, wo er alsbald durch seine hervorragenden Eigenschaften, besonders durch seinen angenehmen Vortrag bekannt wurde. Der Sultan Othmân, der von ihm hörte, liess ihn zu sich rufen und stiftete eine neue Stelle eines zweiten Sultans-Prediger an der Omeijaden-Moschee in Damascus, die er ihm verlieh, mit einer Besoldung von 10 Othmanlis täglich (wie ich glaube, setzt Muḥibbí hinzu). Als Othmân am 8. Ragab 1031 ermordet wurde, verliess Jûsuf Constantinopel und eilte nach Damascus, trat die Predigerstelle an, wurde zugleich Professor an der Selîmia, wo er seine Vorlesungen hielt, und gab auch Rechtsgutachten ab bis zum J. 1044. In diesem Jahre reiste der Sultan Murâd nach Riwân (Eriwân in Armenien); unterwegs starb sein Hofprediger und als der Sultan nach einem anderen verlangte, wurde ihm Jûsuf als der beste empfohlen; dieser wurde aus Damascus herbeigeholt, er traf mit dem Sultan auf der Station Chuwá in Adserbeigân zusammen, wurde von ihm angenommen und blieb in dieser Stellung auch unter dem Bruder und Nachfolger, dem Sultan Ibrâhîm, wurde dann auch Cadhi el-'askar

und erreichte eine Stufe, über welche nichts hinausging. Mit Ahmed ben Jûsuf gen. el-Mu'îd[1]) hielt er öffentliche Disputationen über verschiedene wissenschaftliche Fragen, aus denen Jûsuf meistens als Sieger hervorging. Ausser dem Commentar zu einem Gedichte des Muḥibb ed-dìn über Jurisprudenz (s. S. 9) schrieb er einen vortrefflichen Aufsatz über die *Sanatio* des Cadhi 'Ijâdh († 544 **Ḥagi** 7612. *Ibn Chall.* Nr. 522) und mehrere gute Gedichte. Er starb in Constantinopel im J. 1056 (1646) und wurde in dem benachbarten Orte Üsküdâr am Bosporus begraben. — el-Sukeijifa ist der Name einer Moschee vor dem Thomas-Thore von Damascus, an welcher der Grossvater Mançûr Prediger war, wovon dessen Nachkommen den Namen el-Sukeijifí behielten.

Luṭfallah ben Zakarìjâ Ibn Beirâm (103).

64. Maḥmûd ben Muhammed ben Muhammed ben Hasan el-Bâbí el-Ḥalebí Abul-Thanâ Nûr ed-dìn el-Beilûní[2] el-'Adawí el-Schâfi'í wurde von seinem Oheim Abul-Jasar Muhammed el-Beilûní erzogen, weil er seinen Vater verlor, als er noch klein war. Er lernte den Coran auswendig und las ihn dann nach den sieben Recensionen bei dem Scheich Ibrâhîm el-Câbûní, dann den *Minhâg* bei Abd el-wahhâb el-'Ordhí und einen Theil des *Irschâd Directio de praeceptis juris Schâfi'itici* von Ismâ'îl ben Abu Bekr Ibn el-Mucri († 836. **Ḥagi** 512) bei dem Scheich Abd el-câdir el-Taksîrí. Besonders schloss er sich an Radhí ed-dìn Muhammed Ibn el-Ḥanbalí († 971. **Ḥagi** *Index* Nr. 8139), las und hörte bei ihm, besuchte seine Lehrstunden Morgens und Abends mit grossem Nutzen und stieg an seiner Hand empor. Ausser den philosophischen und rhetorischen Wissenschaften lernte er bei ihm die Traditionen, erhielt von dessen Vater Burhân ed-dìn Ibrâhîm el-

1) D. i. der Repetent, weil er an der hohen Schule des Muhammed Fahmí Ibn el-Ḥinnâïj in Constantinopel Repetent gewesen war und den Namen behielt, ungeachtet er zu viel höheren Ämtern gelangte. Er war in dem Orte Câzṭâgi (Gänseberg, dies ist auch der Türkische Name des Caucasus) in der Nähe von Brûsa geboren und starb als Mufti von Constantinopel am 15. Rabî' I. 1057 (20. Apr. 1647).

2) Beilûn ist eine Art Wascherde, die in den Bädern als Seife gebraucht wird, in Ägypten طفل genannt; ein Vorfahr wird also ein Geschäft damit getrieben haben.

Ḥanbalí † 959. Ḥagi Index Nr. 2286, ein Diplom über die Sammlungen des Bochârí und Muslim, von dem Scheich el-Muwaffak ein solches über die sechs grossen Traditionswerke, und auf sein schriftliches Gesuch stellten ihm noch andere Lehrer der Traditionen und anderer Fächer in Câhira und Damascus Diplome aus. Als er im J. 964 die Wallfahrt machte, traf er in Mekka mit el-Schihâb Ahmed ben Ḥagar el-Heithamí † 973. Ḥagi Index Nr. 8357 zusammen jedoch nur für die Zeit der Festtage, da er sich nicht länger aufhalten konnte, bekam aber doch von ihm ein wohllautendes Diplom für die juristische Praxis und den Unterricht. Nach Ḥaleb zurückgekehrt fing er noch bei Lebzeiten seines Lehrers Ibn el-Ḥanbalí an zu unterrichten und dieser schätzte ihn sehr hoch; gleich anfangs gehörte zu seinen Schülern Omar ben Abd el-wahhâb el-'Ordhí † 1024, welcher damals erst 14 Jahre alt bei ihm die 'G a zertja Einleitung in die Coranlesekunst Ḥagi 12764, die 'Izzia Einleitung in die Flexionslehre Ḥagi 8111 und einen Abschnitt des *Adjumentum de septem Corani recensionibus* von Othmân el-Dâní † 444. Ḥagi 3811 las. Grammatik. Logik. Astronomie, Coranerklärung. Çufismus waren seine Studienfächer. Ibrâhîm Pascha liess für ihn neben seinem Hause eine Moschee erbauen und stellte ihn als Prediger an; in dem Minâret schloss sich Maḥmûd ab und verliess diese Wohnung nur, wenn er sich baden musste, und die Leute besuchten ihn dort; der Grund dieser Abgeschiedenheit war seine Schwerhörigkeit und Kurzsichtigkeit. Er beschäftigte sich hier nur damit im Coran zu lesen, für das Wohl seiner Familie zu sorgen und die Raubvögel vom Thurme zu verjagen. — Am 26. Gumâdâ II. 1007 kam er nach Damascus um über Ägypten die Wallfahrt zu machen; er besuchte dort noch die Vorträge einiger Gelehrten und kam auch am 2. Ragab in die Omeijaden-Moschee zu Naǵm ed-dîn el-Gazzí (G. 569), wo nebst mehreren anderen auch der Câdhi Muḥibb ed-dîn (1) erschienen war; nach beendigter Vorlesung lud sie el-Naǵm zu Gaste und sie blieben die ganze Nacht bei ihm. Als sie am 15. Ragab wieder zusammen waren, kam el-Naǵm auf den Gedanken, er wollte Maḥmûd bitten ihm ein Diplom auszustellen; er sagte es zu und als el-Nâǵm am anderen Morgen zu ihm in die hohe Schule 'Âdilia kam, wo er logirte, fand er das Diplom für die juristische Praxis und den Unterricht schon fertig geschrieben, und er überreichte es ihm. Allen, die zu ihm kamen um ihn zu begrüssen, ging er mit freundlichem Gesichte entgegen. Er bemühte sich besonders die Traditionen mit der Kette der Überlieferer kennen zu lernen, war aber so schwerhörig, dass man sich ihm nur verständlich machen konnte, wenn man ihm ins Ohr sprach. Am Ende des Ragab verliess er Damascus und reiste nach Câhira, wo er nicht lange nach seiner Ankunft im Ramadhân oder Schawwâl 1007 (Apr. oder Mai 1599) starb; der Ober-Cadhi Jahjá ben Zakarîjâ (105) war bei der Leichenfeier zugegen. — Sein Sohn

65. Fatḥallah ben Maḥmûd ben Muhammed el-Ḥalebí el-Beilûní wurde im Ramadhân 977 (Mai 1569) in Ḥaleb geboren und von seinem Vater unterrichtet und kam in Begleitung des Wezirs Naçûḥ d. i. Nâçif Pascha nach Constantinopel. Er wurde zum Schâfi'itischen Richter von Jerusalem ernannt, reiste dann viel in der Welt umher und war in Mekka, Medina, Damascus, Tripolis und den Griechischen Städten. Er schrieb vortreffliche Bücher, darunter Glossen zu dem Commentar zum Beidhâwí: *Expositio aequalis* d. i. Commentar zu dem Glaubensbekenntniss des Scheich 'Alí ben 'Aṭija gen. 'Olwân el-Ḥamawí († 922 od. 936. Ḥagi *Index* Nr. 1266); *Summa selecta* von Heilmitteln, welche man schnell anwendet (يعول Ḥagi 1765 يتحسد) um die Pest zu vertreiben; auch hat er viele Gedichte gemacht. Er starb in Ḥaleb im J. 1042 (1632).

Muçṭafá ben Ahmed el-Muḥibbí (27).

Muhammed ben Abd el-bâkî el-Muḥibbí (5).

66. Muhammed ben Abdallah ben Ahmed ben Muhammed ben Ibrâhîm ben Muhammed Schams ed-dîn el-Timurtâschí el-Gazzi el-Ḥanefí wurde im J. 939 in Gazza geboren, wo sein Grossvater Ahmed und dessen genannte Vorfahren die Predigerstelle bekleidet hatten. Muhammed wurde von el-Schams Muhammed ben el-Maschrakí el-Gazzí, Mufti der Schâfi'iten in Gazza, in den verschiedenen Wissenschaften unterrichtet und reiste viermal nach Câhira, zuletzt noch im J. 998,

und hörte dort bei seinen ersten Besuchen die juristischen Vorträge des Vorstehers Zein Ibn Nugeim († 970) Verfasser des *Mare* البحر vermuthlich zu lesen التحرير *Recognitio dissertationis de quaestione argumentationis* (Ḥagi 2491. *Index* Nr. 9393), des Imâm Amîn ed-dîn ben Abd el-'âli und des Ober-Cadhi 'Alí ben el-Ḥimmâïj. In Gazza galt er für den ersten Juristen seiner Zeit und zu seinen Schülern gehören seine beiden Söhne Çâliḥ (geb. 980 gest. 1055) und Maḥfûdh († 1035), die beiden Imâme Ahmed und Muhammed Söhne des 'Ammâr und aus Jerusalem der Literat el-Burhân el-Fitjâni und der Scheich Abd el-gaffâr el-'Agamí (geb. 973 gest. 1057). Muḥibbí (1 lernte ihn auf seiner Reise nach Ägypten im J. 978 in Gazza kennen, er führt in seinem *Iter Aegyptiacum* einige Unterredungen an, die er mit ihm hatte, und giebt ihm das beste Lob. Er starb am Ende des Ragab 1001 (30. März 1596). — Er hat eine grosse Menge Bücher und Abhandlungen geschrieben, am bekanntesten ist die *Illustratio intelligentiarum et maria colligens liber* über die einzelnen Rechtsmaterien mit einem Commentar in zwei starken Bänden betitelt *Dona Clementis Dei* Ḥagi 3689), das nützlichste Buch in diesem Fache; auch andere haben Commentare dazu geschrieben, wie Muhammed ben 'Alí el-'Alà el-Ḥaçkafí (69), Husein ben Iskander el-Rûmí in Damascus, Abd el-razzâk Professor an der Nâçiria-gawwânia; der Scheich el-Islâm des Türkischen Reiches Muhammed el-Ankyrí († 1098) gab dazu vortreffliche und nützliche Abhandlungen heraus und zu dem erstgenannten Werke schrieb der Scheich el-Islâm Cheir ed-dîn ben Ahmed el-'Oleimí el-Ramli (geb. 993 gest. 1081) sehr brauchbare Glossen. Ḥagi 11782,. — Ferner: Commentar zu dem *Thesaurus subtilitatum* des Ḥâfidh ed-dîn el-Nasafí über das Hanefitische Recht (Ḥagi 10900) bis zu dem Cap. über die Eide. — *Opitulatio debilis* d. i. Commentar zu dem Compendium des Ḥanefitischen Rechts *Viaticum pauperis* von Kamâl ed-dîn Muhammed Ibn el-Hammâm († 861. Ḥagi 6767). — *Dona Dei Benignissimi* d. i. Commentar zu dem *Donum aequalibus oblatum* über das Ḥanefitische Recht (Ḥagi 13381,. — Commentar zu den *Margaritae et Splendores* bis zu dem Cap. über die Wallfahrt. — *Adjutor judicis de responsis jurisconsultum petenti reddendis* ein starker Band. —

Collectio responsorum zwei Bände. — *Opitulator judicum ad judicia ferenda.* — *Dissertatio de introitu balnei.* — *Diss. de mundatione ocrearum.* — *Diss. de Çufismo.* — *Carmen de unitate Dei* mit Commentar. — Commentar zu den *Particulae regentes* des Abd el-câhir el-Gurgânî († 474. **Hagi** 8419).

67. Muhammed ben Abd el-câdir Schams ed-dîn el-Çeidâwî el-Schâfi'í gen. el-Hâdî d. i. der Kamelführer nach seinem Buche *Modulationes Agasonis inter eum, qui rescribit et qui incipit*, dem Werke des Çalâh' ed-dîn Chalîl el-Çafadí († 764. **Hagi** 1131) nachgebildet. Muhibbí legt ihm keinen grossen Werth bei, ausser dass er seine Lehrer in Damascus nennt: el-Schams Ibn el-Minkâr (21), den Cadhi Muhibb ed-dîn (1), Asad ed-dîn ben Mu'în ed-dîn el-Tabrîzî, el-Schams Muhammed el-Dâwûdí el-Macdisí († 1006), bei dem er den Commentar des Galâl ed-dîn Muhammed el-Mahallí († 864) zum *Minhâg* (**Hagi** 13242) las, el-Schihâb el-'Aithâwí (42) und el-Schams el-Meidâní (84), und dass er die Correspondenz, die er mit einigen Schöngeistern geführt hat, anfügt. Er starb als Mufti von Çeidâ (Sidon) im J. 1042 (1632). Das Volk spricht unrichtig (so!) Çîdâ und Çidâwí.

68. Muhammed ben Abd el-halîm el-Bursawí el-Asîrí erhielt in seiner Vaterstadt Brûsa den Unterricht des Maulâ Muhammed Ibn el-Mu'îd und des Scheich Muhammed Hâfidh zâdeh, kam dann nach Constantinopel und besuchte die Vorlesungen des Scherîf el-Schirwânî Professor an der hohen Schule von Aja Sofia. Er lebte damals in den beschränktesten Verhältnissen, studirte aber mit dem grössten Fleisse, bis er zu Jahjá ben Zakarijâ (105) ging und einer von dessen vertrauten Schülern wurde. Zuerst hatte er nur die Abschriften der Rechtsgutachten zu revidiren, dann wurde er selbst mit Gutachten betraut, und er besorgte sie mit einer Genauigkeit und Schnelligkeit, dass ihn keiner hierin übertraf. Das Glück wandte sich ihm zu, sein Ruf verbreitete sich und von weither kamen die Leute zu ihm; der Sultan Murâd hörte von ihm und die Wezire, Cadhi el-'askar und andere hohe Beamte erholten sich in schwierigen Fällen Raths bei ihm. Er wurde hierauf als Professor angestellt, rückte nach und nach in immer bessere Stellen

vor, bis er an die hohe Schule Sultan Selim des älteren kam und dann zum Cadhi von Mekka ernannt wurde. Die Reise dahin unternahm er mit Sunbul Aga, dem ersten Aufseher des Ḥarem, zur See, sie wurden von den Franken gefangen genommen, nach der Insel Malta gebracht und verloren den grössten Theil ihres Reisegepäcks und ihr Geld. Bursawi blieb nahe an vier Jahre in der Gefangenschaft und nachdem er, in Freiheit gesetzt, nach Constantinopel zurückkam, wurde ihm die Stelle als Cadhi von Ägypten verliehen; dies geschah im J. 1059. Er reiste über Damascus und nahm von hier Fadhlallah el-Muḥibbí (9) mit sich nach Câhira, zu dem er eine grosse Zuneigung gewann. Letzterer blieb hier, als el-Bursawí abberufen wurde und dieser logirte auf der Rückreise in Damascus in dem Hause der Muḥibbí, wo ihm ein Sohn geboren wurde, den er Jaḥjá nannte, der aber auf der Weiterreise in Antiochia starb. Bald nach seiner Ankunft in Constantinopel erhielt er die Stelle als Cadhi in Adrianopel; hier nahm er von dem Scheich Muçliḥ ed-dîn die besondere Lehre Caschschâschia (Ç. 209) an, welche eine bestimmte Eintheilung des Coran beim Vorlesen und eine eigenthümliche Anrufung Gottes vorschreibt. Indess wurde er bald nachher abgesetzt und nach Janboli verwiesen, danach von dort herbeigeholt und zum Cadhi von Constantinopel ernannt mit dem Range eines Cadhi el-'askar von Anatolien, zu welcher Stelle er dann wirklich aufrückte. Der nach vielen Hofintriguen im J. 1066 zum Grosswezir ernannte Muhammed Pascha Köprili machte Bursawí zum Mufti und dieser befand sich in dem Gefolge des Sultans Muhammed auf seiner Reise nach Brusa und Adrianopel und hatte sich seiner besonderen Gunst zu erfreuen. Der Grosswezir verlangte die Hinrichtung einer Anzahl von angesehenen Männern im Lande und am Hofe, sie sollte aber nicht ohne ein richterliches Erkenntniss erfolgen, welches nach der allgemeinen Meinung Bursawí abgegeben haben soll. — Um diese Zeit bewarb sich Fadhlallah wieder um seine Gunst und drückte sein Bedauern aus, dass er so weit von ihm entfernt sei; Bursawí antwortete ihm in einem Briefe, als wenn sein Pferd spräche, ein ausgezeichnetes Thier, welches er damals mit in Damascus gehabt hatte und welches Fadhlallah kannte, und entschuldigte sich, dass er für jetzt seinen Wünschen nicht entsprechen könne. Als Entgegnung schrieb Fadhlallah eine Antwort auf ein Blatt Papier, welches er einem Maulesel an den Hals hing, als wenn dieser redete, und liess ihn in dem Hofe des Emir Mûsik frei umherlaufen. — Als der Grosswezir Köprîli im J. 1072 starb, wurde Bursawí abgesetzt und nach Gallipolis verwiesen; die Nachricht traf ihn, als er in der Moschee war und der Prediger auf der Kanzel stand, und da kein Aufschub möglich war, erhob er sich schnell von seinem Sitze, eilte nach dem Hafen, bestieg ein Schiff und fuhr ab. Nach einiger Zeit erhielt er den Befehl sich als Cadhi nach Rhodos zu begeben und er blieb dort neun Jahre, dann bat er um die Erlaubniss die Wallfahrt machen zu dürfen und traf im Anfange des Ragab 1081 mit seinem Bruder Muçṭafá, welcher Cadhi von Mekka werden sollte, in Damascus zusammen. Sie machten die Reise gemeinschaftlich, blieben in Mekka ein Jahr, worauf ihn der Bruder verliess, während er selbst noch ein zweites Jahr dort verweilte. Dann kehrte er nach Damascus zurück und blieb hier, bis ihn der Befehl traf sich nach seiner Vaterstadt Brûsa zu begeben; er reiste am 8. Çafar 1086 dahin ab in Begleitung des Muhammed Muḥibbí (10), wurde dort nominell Cadhi von Maṭânia, um den Jahresgehalt daher zu beziehen, und starb im J. 1093 (1682).

Muhammed ben Abd el-laṭîf el-Muḥibbí (3).

Muhammed ben Ahmed Ibn Maulâ (45).

Muhammed ben Ahmed el-Schanbarí (40).

Muhammed ben Ahmed el-Ustuwâní (19).

69. Muhammed ben 'Alí ben Muhammed ben 'Alí ben Abd el-rahman 'Alâ ed-dîn el-Ḥiçní, oder el-Ḥaçkafí, d. i. dessen Vorfahren aus Ḥiçnkeifâ stammten, wurde in Damascus geboren und von seinem Vater unterrichtet, dann aber besonders von Muhammed el-Maḥâsiní Prediger und Professor in Damascus (99), welcher ihn so lieb gewann, dass er ihn zu seinem Repetenten in den Vorlesungen über Bochârí annahm und ihm im Schawwâl 1062 ein allgemeines Lehrerdiplom ausstellte. Er reiste dann nach Ramla und hörte bei Cheir ed-dîn ben Ahmed el-'Oleimí el-Ramlí el-Ḥanefí (geb. 993 gest. 1081) die juristi-

schen Vorlesungen, besuchte in Jerusalem den gelehrten Fachr ed-dîn ben Zakarîjâ gen. el-Ma'arrí el-Ḥanefí († 1070), machte im J. 1067 die Wallfahrt und verweilte auf der Rückkehr einige Zeit in Medina, wo ihm Çafí ed-dîn Ahmed el-Caschschâschí († 1071 C. 210) ein vom 10. Muḥarram 1068 datirtes Diplom überreichte. Zu seinen zahlreichen Lehrern gehören noch Mançûr ben 'Alí el-Saṭûḥí († 1066), Cuṭb ed-dîn Ajjûb el-Chalwatí (56), Abd el-bâkí el-Ḥanbalí und unter seinen Schülern befanden sich der Professor Ismâ'îl ben 'Alí, Derwîsch el-Ḥulwâní, der Secretär Ismâ'îl ben Abd el-bâkî, Othmân ben Hasan ben Hidâjât, der Münzmeister Omar ben Muçṭafâ u. A. el-Muḥibbí 10) hörte bei ihm die *Illustratio intelligentiarum* des Muhammed el-Timurtâschí (66) in seinem Hause, den Commentar des Beidhâwí in der hohen Schule Takwia und den Bochârí in der Omeijaden-Moschee. Er hatte lange Zeit in dürftigen Verhältnissen gelebt, reiste desshalb im J. 1073 nach Constantinopel und hatte das Glück von dem Wezir el-Fâdhil gut empfangen zu werden, welcher ihm die Professur an der hohen Schule Gakmakia verlieh, und als er davon zurücktrat und Mufti von Damascus zu werden wünschte, erhielt er diese Stelle, begab sich dahin und verwaltete sein Amt mit grosser Bescheidenheit und Würde fünf Jahre. Als im J. 1075 durch den Tod des Schams ed-dîn Muhammed ben Jaḥjá el-Chabbâz (Bäcker) el-Baṭníní (aus Batnía einem Dorfe bei Damascus) die Stelle für die Vorträge über Traditionen in der Omeijaden-Moschee zur Erledigung kam, wurde sie dem Ḥaçkafí übertragen und er erwarb sich hier einen grossen Ruf; aber einer seiner Neider unter den Secretären, der ihm übel wollte, brachte einige Leute auf seine Seite und sie machten über ihn einen ungünstigen Bericht an die Regierung, dem man hier Glauben schenkte. Zu derselben Zeit im J. 1077 war Maula Abu Bekr ben Abd el-rahman el-Kurdí Professor an der Salimia gestorben und der Ober-Cadhi von Damascus Abdallah ben Muhammed der lange, welcher im Jahre vorher aus Haleb dahin versetzt war († 1088), machte eine Verschiebung der Stellen, indem er dem Ḥaçkafí seine beiden Ämter abnahm und ihm die schlechter besoldete Salimia übertrug, seinen Stellvertreter Ahmed ben Muhammed el-Mihmandâr zum Mufti ernannte und die Vorträge über Traditionen dem Schams ed-dîn Muhammed ben Muhammed el-'Aithí überwies. Haçkafí ertrug dies fast ein Jahr lang, dann reiste er nach Constantinopel, beklagte sich bei dem Scheich el-Islâm Jaḥjá el-Minkârí (24) und erwirkte für sich den Jahresgehalt eines Cadhi von Çâra und 'Aglûn zwischen Ḥimç und Damascus und wurde auch wieder für die Vorträge über Traditionen angestellt. Der Wezir el-Fâdhil lag damals mit der Flotte vor der Insel Creta. Haçkafí begab sich dahin, wurde ehrenvoll empfangen und da bald nachher die Hauptstadt Candia erobert wurde, sah der Wezir ihn dazu aus, in der Moschee, welche den Namen des Sultans Muhammed ben Ibrâhîm führt, die Sieges-Predigt zu halten. Dies vermehrte seinen Ruf und trug ihm die Einnahme eines Cadhi von Ḥamât ein, er kehrte nach Damascus zurück und lehrte einige Zeit. Dann verbreitete sich in Constantinopel die Nachricht, er sei gestorben, über seine Stelle wurde anderweitig verfügt und er sass längere Zeit daher mit leeren Händen, bis der Professor Muhammed ben Kamâl ed-dîn Ibn Ḥamza im J. 1085 starb und er dessen Stelle an der Takwia erhielt, und durch eine Reise nach Constantinopel erreichte er noch die Einnahme als Cadhi von Çeidâ (Sidon); von da an lehrte er in Damascus bis zu seinem Tode. In seinem letzten Jahre hatte er angefangen über Bochârí zu lesen und er begann und schloss jede Vorlesung mit dem Gebet der ersten Sure. Am 29. Ramadhân 1088 war er im Bochârí auch an die erste Sure gekommen, am folgenden Tage war das Fest der beendigten Fasten, das auf einen Freitag fiel; er war zum Gottesdienst in der Moschee und hielt gleich dahinterher vor einer zahlreichen Versammlung eine lange Vorlesung über die Erklärung der zweiten Sure »die Kuh« und aus dem Bochârí über die Tradition von der allgemeinen Vermittlung bei Gott. Nach beendigtem Vortrage begann er das Gebet: Ihr Gottesverehrer! mein letzter Wunsch ist, dass ihr gottesfürchtig seid und es oft aussprecht: Es ist kein Gott ausser Allah! Dies wiederholte er mehrmals und fuhr dann fort: ja, sprecht es recht oft aus; ich wünsche nicht, dass ihr mir bezeugt, ich habe Vorzüge, Kenntnisse und Ansehen anderer Art, als dass ich gesagt habe: Es ist kein Gott ausser Allah! und dass ich euch dies stets ins Gedächtniss gerufen habe. Als er dann das Gebet geschlossen hatte, nahm er mit bedeutungsvollen Winken Abschied von den Anwesenden; er ging nach Hause, verharrte noch zehn Tage in Andacht, Lob und Preis Gottes, bis er Montag d. 10. Schawwâl 1088 (6. Dec. 1677) starb. Muhammed ben 'Ali el-Miktabí († 1096) hat zu seinem Lobe eine lange Çaçîde gedichtet.

70. Abul-Fadhl Muhammed ben Barakât ben Abul-Wafà el-Mauçilí el-Scheibâní el-Meidâní el-Schâfi'í el-Câdirí, dessen Vorfahren aus Mosul stammten, gehörte zu einer der achtbarsten Familien von Damascus. Schon sein Vater, der mit einer Tochter des Júnus el-'Aithâwí, Schwester des Ahmed (42), verheirathet war, zeichnete sich durch Freigebigkeit und Leutseligkeit aus, und Abul-Fadhl, der Erbe seiner Tugenden, war bei allen Menschen beliebt, er verkehrte mit den angesehensten und gelehrtesten Männern, die ihn hochschätzten, in seinem Hause an der Kies-Reitbahn (*meidân el-haçá*, daher sein Name Meidâní) nahe bei der Hauptstrasse am Thore von *el-muçallá* »dem allgemeinen Betplatze«, fanden die Fremden stets eine gastfreie Aufnahme, kurz er war eine Zierde für seine Zeit und mit Glücksgütern, Kindern und einem hohen Alter begnadigt. Er starb 80 Jahre alt oder darüber gegen das Ende der Nacht auf den Freitag d. 24. Scha'bân 1008 (10. März 1600) und wurde in dem Familienbegräbniss nahe bei der Moschee el-Nâring, die an den allgemeinen Betplatz anstösst, beerdigt. — Sein ältester Sohn

71. Abd el-Rahman ben Abul-Fadhl Muhammed ben Barakât el-Mauçilí el-Meidâní el-Schâfi'í versah eine Lehrerstelle an dem Mosuler Kloster im Quartier Meidân el-haçá, worin ihn sein Vater bei seinen Lebzeiten zu seinem Nachfolger ernannt hatte, bei welcher Gelegenheit er sich erinnerte, dass seine Familie auch ein Anrecht auf einen Platz für Freitags-Vorlesungen in der Omeijaden-Moschee habe, der seit langer Zeit nicht benutzt war; es wurde also die Stelle für einen Zuhörerkreis am Singak-(Fahnen-)Thore innerhalb der Moschee im J. 1000 wieder eingerichtet. Abd el-rahman war ein fein gebildeter, bescheidener Mann, starb Montag gleich nach Mittag d. 2. Rabí' II.

1017 (16. Juli 1608) und wurde unmittelbar neben seinem Vater bei der Moschee el-Nâring begraben. — Sein Bruder

72. Hasan ben Abul-Fadhl Muhammed ben Barakât el-Mauçilí Badr ed-dîn el-Meidâní besuchte in Damascus die Vorlesungen des Muḥibbí (1), Ismâ'îl el-Nâbulusí (11), el-'Imâdí el-Ḥanefí (35) und Asad ed-dîn ben Muhammed el-Tabrîzí; er zeichnete sich vor anderen aus und machte sich eine Zeit lang in der Omeijaden-Moschee durch Unterricht den Schülern nützlich. Als im J. 1001 Kûtschuk Muçṭafâ als Cadhi nach Damascus kam und das oberste Schâfi'itische Imamat an der genannten Moschee durch den Tod des Scheich Mûsá el-Gausí erledigt wurde, vereinigten sich die Gelehrten der Stadt und baten den Cadhi, diese Stelle dem Badr ed-dîn zu übertragen, er entschied sich aber für Ibn Abul-Bakkâ. Da die Gelehrten Einwendungen hiergegen machten, sagte der Cadhi: schlagt mir einen Dritten vor, der für die Stelle passend ist, und sogleich erhob sich el-Schams Muhammed el-Meidâní (84), stellte sich selbst als den dritten vor und wurde von dem Cadhi angenommen, während die Gelehrten höchst aufgebracht die Versammlung verliessen. Nachdem Kûtschuk noch in demselben Jahre nach Mekka versetzt und Muçṭafâ ben Hasan als Cadhi nach Damascus gekommen war, bemühten sich die Angesehenen der Stadt wieder für Badr ed-dîn und waren zuletzt mit der Entscheidung des Cadhi einverstanden, dass das Einkommen der Stelle zwischen beiden getheilt werden solle. Später wurde el-Badr auf den Wunsch der Gelehrten Cadhi der Schâfi'iten und führte dies Amt in lobenswerther Weise, bis er im J. 1033 oder 34 (1625) starb und am kleinen Thore nahe bei der Moschee el-Nâring begraben wurde.

Muhammed ben Abu Bekr Muḥibb ed-dîn el-Muḥibbí (1).

73. Muhammed ben Cubâd el-Budûní gen. el-Sakûtí »der Schweiger«, weil er nicht viel redete, sondern beständig nur betete und in Büchern las, sodass er selbst im Gehen auf der Strasse nicht aufhörte zu lesen, war im J. 1014 in Begleitung des Ober-Cadhi Muhammed ben Jûsuf gen. Nahâlí nach Damascus gekommen und er blieb hier, als der Cadhi von seinem Posten entlassen wurde, verheirathete

sich und erhielt die Verwaltung der Stiftungen an der Derwischia, die Professur an der Gûzia und die Oberaufsicht über das Kimerische Krankenhaus; mehrmals war er auch Stellvertreter am obersten Gerichte und bei der Vertheilung der Erbschaften, und wenn er zeitweise ohne Anstellung war, befand er sich in einer drückenden Lage. Zu einer solchen Zeit hatte ihn einmal ein Verwandter, der Secretär Muhammed ben el-Ṭabbâch, zum Neujahrsfeste nach seinem Garten eingeladen, wo auch der Prediger Jûsuf ben Abul-Fatḥ (63) mit seinem Vater erschien; dieser Abul-Fatḥ verstand sich aufs Wahrsagen und sein Sohn drang in ihn, dem Sakûtí sein Horoscop zu stellen. Er sammelte also einige Zahlen, setzte sie zusammen und sagte dann: Das Horoscop lässt deutlich erkennen, dass eine Anstellung für ihn nahe bevorsteht, die Nachricht davon ist bereits in Damascus eingetroffen und er wird befriedigt fortgehen. Kaum hatte er ausgeredet, da erschien ein Nachbar des Sakûtí mit der Nachricht, es sei ein Eilbote aus Constantinopel bei ihm angekommen; er erhob sich sofort, ging nach Hause und traf den Boten, der schon auf ihn gewartet hatte und ein Schreiben überbrachte, dass er zum Stellvertreter ernannt sei. Als später im J. 1044 Jûsuf Hofprediger des Sultans Murâd wurde, »erwachte das Glück des Sakûtí aus dem Traume«, er wurde nicht wieder von seinem Amte entfernt, vielmehr nach dem Tode des Abd el-rahman el-'Imâdí (35) im J. 1051 zum Mufti von Damascus und Professor an der Suleimânia ernannt, wogegen die Vorstellungen der Söhne des 'Imâdí nichts halfen. Sakûtí hatte eine grosse Menge Bücher, besonders Aufsätze und Abhandlungen gesammelt und als er am 2. Rabî' II. 1053 (20. Juni 1643) starb, wurde 'Imâd ed-dîn (36) zu seinem Nachfolger ernannt. — Budûn (Buda), woher er stammte, ist die Hauptstadt und der grösste Ort der بشانقة Petschanegen[1]) und bildet die Gränze zwischen den Türkischen Staaten und den Ländern der Christlichen Ungarn; sie wird der Schlüssel des Islamitischen Reiches genannt und ist gegenwärtig nach langen Kriegen in der Gewalt der Christen, worüber das Auge des Muslim sich trübt, und wir hoffen, dass Gott durch ihre Wiedereroberung den Glanz der

1) Singl. بشنق = بچنق.

Religion wiederherstellen wird, wie er durch seine Güte und Gnade gewesen ist. — Man erinnere sich, dass dies in der zweiten Hälfte des Jahres 1096 (1685) fast zwei Jahre nach der Entsetzung von Wien geschrieben wurde.

74. Muhammed el-amîn Ibn Çadr ed-dîn el-Schirwânî war nach Constantinopel gekommen und hatte die Vorlesungen des Molla Husein el-Chalchâlí († 1014) besucht, dessen Randglossen zu dem Commentar des Molla Galâl ed-dîn Muhammed el-Dawwâní († 907) über die Glaubensartikel des Adhud ed-dîn Abd el-rahman el-Îgí († 756. **Ḥagi** 8170) er so vollständig sich zu eigen machte, dass ihm Husein bezeugte, Schirwâní hätte sie besser inne als er selbst. Unter seinen eigenen Schriften sind zu nennen seine Zusatz-Anmerkungen zu einigen Stellen aus dem Commentar über Beidhâwí (**Ḥagi** I. p. 479), worin er zeigt, dass er in allen Wissenschaften bewandert war; ein Commentar zu der *Isagoge* (**Ḥagi** I. p. 503); *Adnotationes Châcânicae utiles* nach dem Zahlwerth der Buchstaben des Namens des Sultans Ahmed, dem sie dedicirt sind, über 53 wissenschaftliche Themata handelnd (**Ḥagi** 9251. VI. p. 262); ein Commentar zu den *Theoremata articulorum fidei de metaphysica* des Gazzâlí (**Ḥagi** 9613). — Er verliess seinen Posten in Constantinopel und begab sich zu dem Wezir Naçûḥ Pascha (oder Nâçif Pascha, wie die Türken nach ihrer unbegränzten Willkühr in dergleichen Wortspielen durch Buchstaben-Veränderung ihn nennen), als dieser zur Bekriegung des Schah von Persien ausersehen war: er wurde von ihm sehr ehrenvoll empfangen, zu einem hohen Range erhoben, der ihm reichlichen Gehalt eintrug, und kehrte mit ihm nach geschlossenem Frieden nach Haleb und von hier im Scha'bân 1020 nach Constantinopel zurück. Hier gelangte er als Lehrer zu einer grossen Berühmtheit, der Sultan Ahmed verlieh ihm die Professur an seiner hohen Schule mit dem Range eines Cadhi von Constantinopel, die angesehensten Männer suchten ihn auf und die Zahl seiner Zuhörer belief sich auf mehr als 300, während eine Menge Cadhis noch draussen unter den Fenstern standen um ihrem Ansehen nichts zu vergeben, wenn sie sich in ihrer Amtstracht unter die Schüler mischten. Er starb im J. 1036 (1626).

Muhammed ben Abul-Çafâ el-Ustuwânî (15).

75. Muhammed ben Fadhlallah ben Muhammed gen. 'Içmatî el-Rûmí wurde in Constantinopel geboren. Sein Grossvater Muhammed ben Pîr 'Alí gen. Birgili ist der Verfasser der berühmten *Via Muhammedica* und vieler anderen Werke (Hagi 7966. *Index* Nr. 6100). Er hatte seinen Sohn Fadhlallah ben Muhammed Birgili selbst unterrichtet und dieser kam gegen das J. 1020 nach Constantinopel und erlangte einen grossen Ruf wegen seiner Gelehrsamkeit; er wurde zum Prediger an der Moschee des Sultans Selîm ernannt und trug darin auch die Coranerklärung vor, dann wurde er an die Moschee des Sultans Bâjazîd versetzt und starb im J. 1030 (1621). — Muhammed 'Içmatî wünschte, als er herangewachsen war und fleissig studirt hatte, bei Hofe einen Dienst zu bekommen und wandte sich an den Scheich el-Islâm Jahjá ben Zakarîjâ (105); da ihm dies nicht glücken wollte, wählte er den Gelehrten-Stand und Jahjá nahm ihn in seinen eigenen Dienst. Er lehrte dann an mehreren Schulen in Constantinopel, bis er an die von der Mutter des Sultans Murâd neu gegründete Hochschule kam. Eines Tages nämlich wurde der Scheich el-Islâm zum Sultan beschieden und er vermuthete, dass er ihn wegen der Besetzung der Professur fragen wolle; er besass einen von 'Içmatî's Hand geschriebenen Commentar des *Miftâh Claris*[1]) und nahm ihn mit sich. Wirklich fragte ihn der Sultan, wem er die Professur übertragen solle, und der Scheich antwortete: dem Schreiber dieses Buches, er ist der Enkel des Scheich Muhammed Birgili. Der Sultan bewunderte die Schrift und erkundigte sich weiter nach ihm; der Scheich hob seine Vorzüge hervor und nachdem der Sultan noch geäussert hatte, er habe auch von anderer Seite Gutes von ihm gehört, verlieh er ihm die Stelle, das Buch aber nahm er zu sich und behielt es, da er sein Vergnügen daran hatte. Nach dem Tode des Sultans kam einer seiner Secretäre mit dem Buche zu 'Içmatî und bot es ihm zum Kauf an und er kaufte es ihm ab. —

---

1) Es ist ungewiss, welches Buch unter diesem Titel Hagi 12542—12617 gemeint ist, wahrscheinlich Nr. 12578.

Im J. 1049 wurde er als Cadhi nach Damascus versetzt; als er über Ḥimç nach dem letzten grösseren Dorfe Ḥarasta eine Parasange von Damascus kam, hielt er sich nicht erst hier auf, wie die neuen Cadhis zu thun pflegten, sondern hielt gleich seinen Einzug in die Stadt am 7. Dsul-Ca'da und wurde von Abd el-laṭíf el-Minkârí (23) mit einem Gedichte empfangen, dessen Schlussworte die Jahrszahl enthalten: قدومك عيد عندنا لشريف »Deine Ankunft ist ein Fest bei uns[1] für den Scherîf«. Auch von anderer Seite wurden ihm viele Lobgedichte dargebracht und er bewies sich auch als ein tüchtiger Beamter, dessen ungeachtet gehört er zu denjenigen Cadhis von Damascus, welche am meisten getadelt sind, weil er mit solchen Leuten Umgang hatte, welche durch ihre Ungerechtigkeit bekannt waren und durch ihr Verhältniss zu ihm sich sicher fühlten und desshalb ihre Unbilligkeiten noch weiter trieben. Da dies bekannt wurde, erhielt er im J. 1051 seine Entlassung und reiste mit Fadhlallah el-Muḥibbí 9) nach Constantinopel. Bei ihrer Ankunft trafen sie den Scheich el-Islâm Jaḥjá krank; der Grosswezir Muçṭafá Pascha besuchte ihn und erkundigte sich nach seinem Befinden, worauf Jaḥjá erwiederte: Durch die Ankunft 'Içmatí's ist eine Besserung eingetreten. Der Wezir war Willens gewesen, den 'Içmatí wegen seines Benehmens seinen ganzen Unwillen fühlen zu lassen, jetzt nach der Äusserung des Scheich verzieh er ihm. Er ernannte ihn zum Cadhi von Brûsa, setzte ihn aber nach kurzer Zeit wieder ab, und es ging ihm eine Zeitlang schlecht, da er ohne Anstellung blieb, bis er Cadhi von Ajjûb und Izmír wurde, jedoch lebte er in knappen Verhältnissen und machte grosse Schulden. Nachdem er hierauf zehn Tage Cadhi von Constantinopel gewesen war, wurde er als Cadhi nach Salonichi versetzt, unterwegs schlug er einen seiner Diener und traf ihn gegen seine Absicht so hart, dass er starb. In Salonichi erwarb er ein bedeutendes Vermögen, kam dann zurück und blieb ohne Anstellung, bis der Grosswezir Muhammed Pascha el-Köprí sein Augenmerk auf ihn

1) Die Buchstaben ergeben die Zahl 1090; um 1049 herauszubringen müsste man عندى »bei mir« und dies im Versmass *Ṭawîl* dreisilbig lesen.

richtete und ihn zum Cadhi el-'askar von Anatolien und Rumelien ernannte. Er hatte einen durchdringenden Verstand, einen festen Willen und ein anmassendes Wesen um in Gesellschaft klüger zu scheinen als er war, aber die gelehrten Othmânen suchten seinen näheren Umgang und rühmten sich, wenn sie mit ihm eine Unterredung gehabt hatten. Fadhlallah el-Muḥibbí suchten ihn auf seiner zweiten Reise nach Constantinopel im J. 1073 wieder auf, er fand ihn in den glänzendsten Verhältnissen auf dem höchsten Punkte seines Ansehens, erreichte aber in seiner gedrückten Lage für sich von ihm nichts. 'Içmatí starb am 12. Çafar 1076 (24. Aug. 1665).

Muhammed ben Fadhlallah el-Muḥibbí (10).

76. Muhammed ben Husein Schams ed-dîn el-Ḥammâmí el-'Âtikí el-Ḥanefí war ein Schüler des Schams ed-dîn Muhammed Ibn Minkâr (21). Muḥibb ed-dîn Muhammed ben Abd el-malik el-Bagdadí († 1016), Muhammed Schams ed-dîn el-Dâwûdí († 1006) und besonders des Scheich Muhammed ben Abu Bekr el-'Âtikí gen. el-Jatîm »das Waisenkind« († 1005), der ihn nicht nur beim Unterricht, sondern in jeder Weise unterstützte. Er erhielt an der von dem Statthalter Murâd Pascha im J. 976 erbauten Moschee eine Anstellung als Prediger und Vorsteher und starb im J. 1018 (1609).

Muhammed ben Jaḥjá el-Faradhí zwei gleichnamige Brüder, welche durch die Ehrennamen Kamâl ed-dîn (78) und Nagm ed-dîn (79) unterschieden werden. — Der Vater

77. Jaḥjá ben Takí ed-dîn ben 'Obâda ben Hibatallah el-Schâfi'í el-Ḥalebí el-Faradhí wurde im J. 953 (1546) zu Sarmîn im Gebiete von Ḥaleb geboren und erhielt den ersten Unterricht im Coranlesen in Ḥaleb; als er herangewachsen war, kam er nach Damascus und legte sich besonders auf das Studium der Mathematik, Astronomie und der Berechnung bei Erbschaftstheilungen, worin er alle seine Zeitgenossen übertraf und viele Schüler mit grossem Nutzen unterrichtete. Er schrieb auch mehrere gute Bücher, darunter einen Commentar über das *Oblectamentum* (eins der mathematischen oder schönwissenschaftlichen Werke **Ḥagi** 13654—13753) in zwei Bänden, worin er viele Räthsel und andere

nützliche Sachen einflocht, was er dann in einen Band zusammenzog; ferner einen Commentar zu dem *Minhâg* des Nawawí und einen Commentar zu dem Gedichte des Ga'barí über Erbschaftstheilungen. Er machte auch gute Gedichte, wie er eins dem Biographen Hasan el-Búriní (G. 551) vortrug, als er ihn Dienstag d. 26. Çafar 1021 (1. Mai 1612) besuchte, und in der Bildung von Räthseln mit den entsprechenden Auflösungen in Versen war er sehr gewandt. Er starb im J. . . . . und wurde auf dem Todtenhofe am kleinen Thore nahe bei Bilâl el-Ḥabaschí begraben.

78. Muhammed ben Jaḥjá ben Takí ed-dín Kamâl ed-dín el-Faradhí el-Schâfi'í war von seinem Vater in der Arabischen Sprache, dem Coranlesen und der Rechenkunst und von anderen Lehrern in anderen Fächern unterwiesen und widmete sich besonders dem Unterrichte im Coranlesen und in der Lehre von Universalerbschaften. Als der Scheich Ramadhân ben Abd el-ḥakk el-'Akkârí (93) im J. 1056 starb, erhielt Kamâl ed-dín dessen Stelle als Prediger an der Sinânia-Moschee, am meisten hielt er sich aber in der Derwischia Schule auf, wo viele Schüler seinem Unterrichte beiwohnten. Er starb Mitte Dsul-Ca'da 1088 (Anfangs Febr. 1678).

79. Muhammed ben Jaḥjá ben Takí ed-dín Nagm ed-dín el-Faradhí erhielt von seinem Vater und seinem eben genannten Bruder den ersten Unterricht, kam dann zu dem Philologen Scharaf ed-dín el-Dimaschkí (94) und studirte unter Abd el-rahman el-'Imâdi (35) und Nagm ed-dín el-Gazzí (G. 569); in der Kenntniss der Arabischen Sprache war er »der Ritter in der Rennbahn, der Sieger am Tage des Wettrennens, dem keiner gleich kam;« in den Traditionen und Rechtswissenschaften war er vorzüglich bewandert und in der Rechenkunst und Erbschaftsberechnung hatte er das gewöhnliche Ziel weit überschritten. Er bestieg darauf selbst den Lehrstuhl; durch sein lebhaftes Temperament liess er sich zuweilen zur Heftigkeit hinreissen, doch ging diese bald vorüber und er war im Augenblicke wieder freundlich und gütig. Er hatte eine gute Methode des Unterrichtes, wusste die Aufmerksamkeit der Schüler zu fesseln und war eifrig bemüht, jeden

nach seinen Anlagen in die richtige Bahn zu lenken. Muhibbí (10) begann seine höheren Studien damit, dass er in der Omeijaden-Moschee die Privatvorlesungen des Nagm ed-dîn besuchte und bei ihm die *Âgurrûmia* las. Wegen des Todes eines hoffnungsvollen Sohnes setzte Nagm ed-dîn seine Vorlesungen mehrere Jahre aus, fuhr aber fort für gute Zwecke thätig zu sein und vertheilte z. B. aus seinen Vorräthen etwa 140 Lanzen, die sonst verrostet wären. Als er seine öffentlichen Vorträge wieder aufnahm, las er zuerst die *Âgurrûmia*, dann dazu den Commentar des Scheich Châlid ben Abdallah el-Azharí († 905. **Ḥagi** VI. p. 74), darauf die *Azharîja* des Abu Hasan 'Alí el-Herawí (**Ḥagi** 558), den Commentar des genannten Châlid el-Azharí zu der *Explicatio regularum flexionum finalium* des Ibn Hischâm († 762. **Ḥagi** 929. 9602), den Commentar des Sa'd ed-dîn Mas'ûd el-Taftâzâní († 792) zu *el-'Izzi* d. i. *Flexus formarum* des 'Izz ed-dîn Ibrâhîm el-Zangâní († nach 655. **Ḥagi** 3037. 8141), den Commentar des Cadhi Zakarîjâ ben Muhammed el-Ançârí († 926) zu den *Particulae aureae de syntaxi* des Ibn Hischâm (**Ḥagi** 7431), den Commentar *Opus compositum* des Othmân Ibn Ginni († 392) zu den *Flexus formarum* des Abu Othmân Bekr el-Mâziní († 248. **Ḥagi** 3039. 12203) und *Quod sufficit cordato, ut scriptis de syntaxi flexionum finalium carere possit* von Ibn Hischâm (**Ḥagi** 12496). Er hatte in seinen Vorlesungen gewöhnlich über 40 Zuhörer, von ihnen wurden die berühmtesten Muhammed ben Muhammed el-Mâliki, Abd el-bâkí ben Abd el-rahman el-Mugeizilí, Chalîl el-Ḥamçâní, 'Izz ed-dîn ben Chalîfa el-Ḥimçí und Muhammed el-Muḥibbí (10). Nagm ed-dîn starb nach einer kurzen Krankheit Freitag den 12. Çafar 1090 (25. März 1679) und wurde am kleinen Thore begraben, der Schullehrer Muhammed ben 'Alí hat auf seinen Tod ein Distichon gedichtet, worin das letzte Wort فرضى den Namen »Faradhí« und nach den Buchstaben die Jahrszahl 1090 ausdrückt.

Muhammed ben Luṭfallah el-'Izzatí (104).

Muhammed ben Mançûr el-Muḥibbí (26).

Muhammed ben Muhammed el-Furfûrí (51).

Muhammed ben Muhammed Nagm ed-dîn el-Gazzí (G. 569).

80. Muhammed ben Muhammed Schams ed-dîn el-Ġauchí el-Schâfi'i gehörte einer reichen Kaufmannsfamilie zu Damascus an, erhielt eine wissenschaftliche Bildung und studirte Jurisprudenz und Arabische Sprache bei Abul-Fidâ Isma'îl el-Nâbulusí (11), el-'Imâd el-Ḥanefí (35) und el-Schams Ibn el-Minkâr (21), die Coranerklärung hörte er bei Muḥibb ed-dîn (1). Durch den Tod seines Vaters kam er in den Besitz eines grossen Vermögens, er verheirathete sich mit einer Tochter des genannten 'Imâd, deren erster Mann Muhammed ben Jaḥjá el-Bahnasí gestorben war, und reiste mit ihr nach Câhira, wo er noch weiter studirte und sich eine grosse Anzahl von Büchern verschaffte. Er wurde für geizig gehalten, da er sich von dem Umgange mit anderen zurückzog, jedoch unterhielt er nach seiner Rückkehr nach Damascus einen freundschaftlichen Verkehr mit dem Schâfi'iten Cadhi Badr ed-dîn Hasan el-Mauçilí (72) und trieb mit ihm gemeinschaftliche Studien. Er hat einige Gedichte gemacht und ist im J. 1022 (1613) gestorben.

81. Muhammed ben Muhammed ben Ahmed Schams ed-dîn el-Ḥiġâzí el-Ḥumeidí el-Ḥimçí el-Dimaschkí wurde im J. 930 (1524) in Ḥimç geboren und hiess hier Ibn Summâca, in Damascus wurde er später el-Ḥiġâzí genannt, weil er über zehn Jahre in Mekka zugebracht hatte[1]; er selbst behauptete von Abdallah ben el-Zubeir el-Ḥumeidí († 219) dem Lehrer des Bochârí abzustammen. Er war in den geheimen mystischen Lehren von dem Scheich 'Alí el-Inbilâkí unterrichtet, welcher in Medina wohnte und im J. 967 noch am Leben war, darauf kam er nach Damascus zurück, machte Bekanntschaft mit dem Scheich Mançûr ben Abd el-rahman, Prediger an der Sukeijifa, und behauptete dann, von ihm die Wahrsagerkunst زايرجه und die Alchymie gelernt zu haben, wesshalb der Chogâ Ibn 'Atûr sich an ihn anschloss um Gold zu machen und viel Geld darauf unnütz verwandte. In der Medicin hatte er sich von dem Scheich Jûnus ben Ġamâl ed-dîn Oberarzt in Damascus unterrichten lassen und war mit ihm eine Zeit lang so befreundet, dass er

1) Dies wird ausdrücklich bemerkt, mithin würde die Schule Ḥiġâzia (54), in welcher er lehrte, von ihm den Namen erhalten haben, nicht umgekehrt; auch in Ḥaleb gab es eine Schule Ḥiġâzia.

ihn oft beim Besuche der Kranken begleitete. Auch mit dem Çufiten Scheich Mûsa el-Kinnârí, der im J. 976 starb, hatte er Bekanntschaft gemacht und von ihm manches gelernt, bis el-Kinnârí den Umgang plötzlich abbrach. Der Grund hiervon war, dass dieser einen Ausspruch des Propheten angeführt hatte, worin er eine übermässige Nachsicht äusserte, worauf el-Ḥigâzí bemerkte, dass der Prophet sich etwas zu kühn und unbesonnen ausgedrückt habe; hierüber wurde Mûsá so aufgebracht, dass er sich seinen ferneren Besuch verbat. Erst als er von einer Reise nach Câhira zurückkehrte, ging el-Ḥigâzí wieder zu ihm und nahm einige Geschenke für ihn mit sich. Mûsá aber wollte sie nicht annehmen und sagte: Wir sind in Gottes Namen von dir geschieden und werden nicht umkehren. — Durch seine Weissagungen aus der Beobachtung der Gestirne, aus mystischen Zeichen und Linien im Sande wusste er sich Geltung zu verschaffen und bei dem Ober-Cadhi Muhammed ben Ma'lûl stand er in hohem Ansehen. Diesem verkündete er, dass ihm seine Frau einen Sohn schenken werde, den solle er Muhammed nennen, und als er geboren wurde, verkündete er ihm weiter, der sei der verheissene Mahdi und der Ober-Cadhi werde Cadhi el-'askar werden und diese Stelle siebzehn Jahre behalten. Als er nun wirklich zum Cadhi el-'askar von Rumelien ernannt wurde, war el-Ḥigâzí grade bei ihm in Constantinopel und er verlieh ihm die Professur an der Takwia in Damascus an Stelle des Scheich el-Islâm Badr ed-dîn el-Gazzí. Dies geschah aus Parteilichkeit, da Ibn Ma'lûl ihm zürnte, weil er beim Tode seiner Tochter dem Leichenzuge nicht gefolgt war, das trug er ihm jetzt nach. Als die Nachricht hiervon nach Damascus kam, wäre fast ein Volksaufstand erfolgt, die Sache schien so unerhört, dass manche nicht daran glauben wollten, zumal da el-Badr seit seiner Ernennung zum Cadhi von Damascus im J. 977 auch die Traditionen mit Beifall gelehrt hatte. el-Ḥigâzí war Sonnabend d. 26. Muḥarram 983 von Damascus nach Constantinopel gereist und kam am 27. Ragab zurück und trat seine Stelle an, indem er die Traditions-Schule Aschrafia seinem Sohne Abd el-ḥakk übertrug. Zwei Monate nachher traf aber schon die Nachricht ein, dass Ibn Ma'lûl wieder entlassen und Muhammed ben Muhammed ben el-Jâs gen. Gawî 'zâdeh zum Cadhi el-'askar ernannt sei, und Mittwoch den 9. Schawwâl musste el-Ḥiǵâzí die Professur der Takwia wieder an el-Badr abtreten und es wurden auf ihn Spottgedichte gemacht. Ein Jahr und einige Tage danach starb el-Badr und el-Ḥiǵâzí erhielt die Takwia zurück, und als auch el-Schihâb el-Fallûǵí starb, wollte der damalige Cadhi dessen Professur an der Schâmia-barrânia ebenfalls dem Ḥiǵâzí übergeben, aber der Scheich el-Islâm Abul-Fidâ Ismâ'îl el-Nâbulusí (11) schrieb an einen seiner Freunde in Constantinopel und erhielt die Stelle für sich. — el-Ḥiǵâzí trat in der Folge die Takwia an seinen Sohn Abd el-ḥakk ab und behielt die 'Udsrâwia und die Traditions-Schule; beide hielten auch in der Moschee el-Cal'í Vorträge, die sehr besucht wurden. Der Vater erwarb ein grosses Vermögen, da er für die Schlichtung von Streitigkeiten und Erbschaftstheilungen bedeutende Geschenke bekam. Er fastete die letzten drei Tage im Gumâdâ, Raǵab und Scha'bân, enthielt sich während dieser Zeit der Fleischspeisen gänzlich und ass beim Aufhören des Fastens auch nur Erbsen mit Olivenöl; die Leute legten ihm dies als Selbstbeherrschung und Demuth aus, weil er sonst in seiner Stellung sich leicht hätte überheben und das Maass überschreiten können, denn im übrigen war er durch sein geringes Billigkeitsgefühl und seine hohen Ansprüche bekannt. Als z. B. im J. 980 eine Lehrerstelle an der Tschahârkesia in der Vorstadt Çâliḥia erledigt war, bewarb sich Muhammed ben Muhammed el-Cudsí darum bei dem Ober-Cadhi von Damascus, welcher sie ihm zusagte; er begab sich dann auch zu el-Ḥiǵâzí, der sich für ihn noch wegen der Verleihung verwenden sollte. Er wurde von ihm so lange aufgehalten, bis el-Ḥiǵâzí unterdess zu dem Cadhi geschickt und die Stelle für sich selbst erbeten und erhalten hatte. Es war dabei wohl darauf Rücksicht genommen, dass er in den juristischen Wissenschaften und im Arabischen sehr bewandert und bei gerichtlichen Untersuchungen und in der Anführung von Beweisstellen sehr schlagfertig war. Er hat auch einige Gedichte gemacht. — Eines Tages stand er neben einem Bäckerladen, wo er gewöhnlich seinen Platz hatte, um einige Geschäfte zu besorgen, da überreichte ihm ein Mann eine Rechtsfrage mit der Bitte, die Antwort darunter zu schreiben. Er ergriff die Feder und fing an zu schreiben: »Gelobt sei Gott! o Herr, vermehre meine Kenntnisse!« Dann machte er noch ein langes *Alif*, als wenn er ein *Lâm* schreiben wollte, da schnitt die Feder in das Papier ein und er fiel ohnmächtig nieder. Er lebte zu Hause noch etwa eine Woche und verschied, ohne die Sprache wieder zu bekommen, Dienstag d. 24. Scha'bân 1020 (1. Nov. 1611) nach Bûrînî, nicht 1019 wie el-Nagm el-Gazzí angiebt, da er selbst sagt, dass der Sohn 21 Tage nach dem Vater im J. 1020 gestorben sei. — Dieser Sohn

82. Abd el-ḥakk ben Muhammed el-Ḥimçí Zein ed-dîn el-Ḥigâzí el-Schâfi'í wurde im J. 962 (1555) geboren und von seinem Vater unterrichtet, vorzugsweise beschäftigte er sich mit den philosophischen Wissenschaften, besass aber auch im Arabischen und in den Fundamentallehren der Theologie und Jurisprudenz umfassende Kenntnisse. Mit seinem Lehrer Muhammed ben Omar Ibn Fawwâz († 1005) trat er in ein freundschaftliches Verhältniss und der schriftliche Ideenaustausch zwischen ihnen fand oft in Versen statt. Dagegen mit seinem Vater stand er auf einem schlechten Fusse; aus Hass gegen ihn war er schon in jungen Jahren fort nach Haleb gegangen, der Vater hatte ihm Jemand nachgeschickt, der ihn zurückbrachte, aber die Abneigung blieb Zeit ihres Leben; der Sohn beleidigte den Vater auf jede Weise und brach gänzlich mit ihm, während der Vater ihm liebevoll entgegenkam. Im J. 1004 reiste er nach Constantinopel und nach seiner Rückkehr trat ihm der Vater die Professur an der Takwia und Aschrafia ab, die er bis zu seinem Tode behielt; auch hielt er Vorlesungen in einem Seitengange der Omeijaden-Moschee, und in der Moschee el-Calí auf dem Markte Gakmak sammelte sich um ihn ein zahlreicher Kreis von Schülern. Er hat auch eine Anzahl Gedichte gemacht, welche sich durch ihren festen inneren Zusammenhang und durch hohen Schwung auszeichnen. Als Hasan el-Bûrînî (G. 551) am Ende des J. 1008 eine Reise nach Tripolis unternommen hatte und bei seiner Rückkehr die Gelehrten der Stadt ihn bewillkommneten, konnte sich Abd el-ḥakk bei diesem Empfange krankheitshalber nicht betheiligen und begrüsste ihn in einigen

Versen. Er wurde durch einen Schlaganfall gelähmt und starb etwa zwei Jahre nachher Sonntag Morgen d. 15. Ramadhân 1020 (21. Nov. 1611) 21 Tage nach dem Tode seines Vaters, und wurde neben ihm auf dem Begräbnissplatze am kleinen Thore beerdigt, jedem aber ein besonderes Monument gesetzt. Sein Sohn Ismâ'îl dichtete eine Trauerode auf ihn mit der Jahrszahl am Schlusse in den Worten:

قد مات قطب عالم في جلق

Gestorben ist die Axe der Welt in Frieden.

83. Ismâ'îl ben Abd el-hakk el-Ḥigâzí besuchte die Vorlesungen des Fadhlallah ben 'Ìsá el-Bosnawí (geb. 969 gest. 1039), und des Abd el-rahman el-'Imâdí (35): in dem Schâfi'itischen Recht war el-Scharaf el-Dimaschkí (94) sein Lehrer und in der Arzneikunst wurde er von seinem Grossvater und anderen unterrichtet. Er wurde zum Cadhi der Schâfi'iten an dem Gerichte bei dem Canal el-'Auní قناة العوني ernannt und von da an den obersten Gerichtshof versetzt und erhielt nach dem Tode des Muhammed Ibn el-Gazzâl († 1035) dessen Stelle als Oberarzt. Seine zahlreichen Gedichte waren alle gut, besonders die über Liebe und Freundschaft sprachen so zum Herzen, dass sie allgemein gefielen, auswendig gelernt und häufig angeführt wurden. Er war im J. 950 geboren, starb im J. 1001 und wurde am kleinen Thore an der Seite seines Vaters und Grossvaters begraben[1].

Muhammed ben Muhammed el-Ustuwânî (16).

84. Muhammed ben Muhammed ben Jûsuf ben Ahmed Schams ed-dîn el-Ḥamawí el-Schâfi'í stammte aus Ḥamât, wurde in Damascus geboren und nannte sich selbst el-Meidânî, weil er bei dem *meidân el-ḥaça* »Kies-Rennbahn« in dem hohen Thurme nahe bei der Hauptstrasse vor dem Thore des *muçallá* »allgemeinen Betplatzes« wohnte. Den ersten Unterricht im Coranlesen erhielt er von Caziha, dem Vorsteher der Moschee Man'gak an der Kies-Rennbahn, darauf lernte er weiter Lesen und Rechnen bei dem Scheich Muhammed ben Ibrâhîm

1) Diese Jahrszahlen sind auffallend falsch, da sein Vater erst im J. 962 geboren wurde; vielleicht ist zu lesen: er war im J. 1001 (1592) geboren und starb im J. 1050 (1640).

el-Tannûrí: von diesem wollte er aber in der Folge nichts mehr wissen und sagte: der hat mir meinen Namen und mein Ansehen gestohlen und nennt sich selbst Muhammed el-Meidâni, nur ich bin Muhammed el-Meidâní. Hiernach las er den Coran nach den verschiedenen Recensionen und anderes bei dem Scheich el-Islâm Schihâb ed-dìn Ahmed ben Ahmed el-Tajjibí, el-Schihâb Ahmed ben el-Badr el-Gazzí, el-Scharaf Jûnus el-'Aithâwí und Mançûr ben el-Muḥibb; die philosophischen Vorlesungen hörte er bei Abul-Fidâ Isma'ìl el-Nâbulusí (41), el-'Imâd el-Ḥanefí (35), Muhammed el-Ḥigâzí (81) und el-Schihâb el-'Aithâwí (42). Im J. 983 reiste er nach Câhira, besuchte neun Jahre in der Moschee el-Azhar die Vorträge des Schams ed-dîn Muhammed el-Ramlí († 1004), el-Nûr el-Zijâdí und ihrer Zeitgenossen mit grossem Eifer und verwandte alle Zeit darauf, sodass bei den Bewohnern der Azhar Moschee seine Kenntnisse und seine Ausdauer zum Sprüchwort wurden: er schrieb sich auch eine Menge Bücher selbst ab. Im J. 991 kam er nach Damascus zurück, fing an zu dociren und die Studirenden kamen zu ihm eine Altersklasse nach der andern 40 Jahre lang. Seine Vorlesungen erstreckten sich besonders auf die juristischen Wissenschaften, nur machte er die Schüler irre; er legte ihnen schwierige Fragen vor und wenn sie darauf antworteten, sagte er: falsch! und wenn sie ihre Meinung durch Aussprüche älterer Lehrer beweisen wollten, wie el-Ramlí, el-Zijâdí, Ibn Ḥagar, entgegnete er: was gehen mich ihre Aussprüche an! und er erklärte sie für falsch; und wenn dann Jemand noch Einwendungen machte, wurde er grob. Es war seine Art, die Schüler durch Tadel einzuschüchtern, sie Thoren und Dummköpfe zu schelten, und mit Gelehrten und Vornehmen hatte er keinen Verkehr. Desshalb blieb er in Damascus viele Jahre lang unberücksichtigt und hatte nur ein geringes Einkommen, und während einige seiner Schüler schon regelmässige Jahresgehalte bezogen, blieben sie ihm versagt. Er dünkte sich mehr zu sein als die berühmtesten damaligen Gelehrten wie el-Schams el-Minkârí (21) und der Cadhi Muḥibb ed-dìn (1), um deren Freundschaft und Umgang er sich hätte bemühen, deren Vorträge er hätte besuchen müssen, desshalb erreichte er von ihnen nicht, was er wünschte. Endlich erhielt er doch das erste Vorleser-Amt der Schâfi'iten in der Omeijaden-Moschee und die Einnahme von einer anderen Stelle, die er mit dem Cadhi Badr ed-dîn el-Mauçilí (72) theilen musste. Nach dem Tode des Nagm ed-dîn Ibn Ḥamza el-'Âtiki wurde ihm dessen Amt die Traditionen zu lesen übertragen und nach dem Tode des Walî ed-dîn el-Kafarsûsí ein gleiches Amt mit der Predigerstelle, in beiden hat er niemals fungirt. Nachdem im J. 1006 durch den Tod des Schams ed-dîn Muhammed el-Dâwûdí ein Lehrstuhl für Traditionen erledigt und zwei Jahre oder noch länger unbesetzt geblieben war, wurde die Wiederbesetzung allgemein verlangt und die Studirenden begaben sich zu Meidâní und baten ihn die Lücke auszufüllen, er übernahm also die Vorlesungen über Bochârí nach dem Abendgebet, verlegte aber den Platz dafür in der Moschee, von der bisherigen Stelle dem Pulte der Schâfi'iten gegenüber, unter die Adler-Kuppel. Als im J. 1018 durch den Tod des Scheich Barakât Ibn el-Kajjâl die Predigerstelle an der Çâbûnia erledigt war, wurde sie el-Meidâní zugetheilt, und im J. 1019 nach dem Tode des Scheich Muḥammed ben Mûsá ben 'Afîf, des Vorlesers an der Maççûra in der Omeijaden-Moschee, welcher die Stelle mit el-Schihâb el-'Aithâwí (42) gemeinschaftlich inne gehabt hatte, trat Meidâní durch den Ober-Cadhi Muhammed el-Scharîf in den Genuss der einen Hälfte. Nach dem Tode des Abd el-ḥakk el-Ḥigâzí (82) im J. 1020 übertrug ihm der Ober-Cadhi Nûḥ ben Ahmed el-Ançârí dessen Professur in der Aschrafischen Traditions-Schule. In dem Pestjahre 1029 verlor er seinen einzigen schon erwachsenen hoffnungsvollen Sohn, (er hatte nur noch eine Tochter,) und die Trauer veranlasste ihn seine Stelle niederzulegen, er wollte die Wallfahrt machen und sich in Mekka aufhalten; er unternahm die Reise in Begleitung des Scheich Sa'd ed-dîn ben Muhammed el-Cubeibâtí († 1036) und kam im folgenden Jahre 1030 zurück. Im J. 1032 wurde ihm die Professur an der Schâmia-barrânia verliehen, worüber er mit Nagm ed-dîn el-Gazzí in Streit gerieth, der dahin geschlichtet wurde, dass sie sich in die Einkünfte theilen mussten (vergl. G. 569). Meidâni lehrte aber seitdem weder in der Schâmia, noch in der Aschrafia und versah nur zu Zeiten sein Amt als Vorleser in der Moschee, denn er litt an der Kolik und starb Montag (?) früh am 13. Dsul-Ḥigga 1033 (26. Sept. 1624) und wurde am kleinen Thore neben seinem Vater beerdigt. Als er ins Grab gelegt war, riefen die Gebetausrufer nach einer Neuerung, die er seit Jahren als durch die Sunna vorgeschrieben in Damascus eingeführt hatte, zum Gebet; dies ist eine unrichtige Behauptung einiger späteren und von Ibn Ḥagar und anderen widerlegt. Es erschienen mehrere Lobgedichte auf den Verstorbenen mit dem in den Buchstaben der letzten Zeile ausgedrückten Todesjahre wie z. B. von dem Dichter Ibrâhîm ben Muhammed el-Çâliḥí el-Akramí († 1047):

Der Scheich von Damascus und (el-Schams) die Sonne der Religion
Allah's daselbst hat vollendet und ist dahin gegangen.
Da sprach ich: o Unglück! (rechne!): اشافعى الزمان ماتا
Ist der Schâfi'í dieser Zeit gestorben?

Muhammed ben Pîr 'Alí Birgili (75).

Muhammed ben Nu'mân el-Îgí (87).

85. Muhammed ben Omar el-'Abbâsí el-Chalwatí el-Çâliḥí el-Ḥanbalí gehörte zu zweien der angesehensten Familien von Damascus, denn von väterlicher Seite stammte er in gerader Linie von 'Abbâs dem Oheim des Propheten ab und seine Mutter leitete ihre Abkunft von dem Scheich Abu Omar Ibn Cudâma el-Ḥanbalí her. Er studirte die Rechtswissenschaften bei el-Schihâb 'Ali el-Wafâïj el-Mufliḥí, hatte noch zu Lehrern el-Burhân Ibn el-Aḥdab el-Çâliḥí und el-Nagm el-Gazzí (G. 569) und wurde von Ahmed el-'Osâlí (41) in die mystische Chalwat-Lehre so vollständig eingeweiht, dass er als sein Nachfolger und als Führer der Sekte anerkannt wurde, dem man die Kraft Wunder zu thun beilegte, die von ihm lange verheimlicht, aber endlich offenbar wurde. Als nämlich im J. 1070 in Damascus lange Zeit kein Regen gefallen und darum mehrmals vergeblich öffentliche Gebete gehalten waren, woran el-'Abbâsi aber nicht Theil nahm, weil er selbst seine Kunst für zu schwach hielt, da erscholl aus einem brach liegenden Felde eine Stimme: Wenn ihr Regen haben wollt, so bittet darum in Gemeinschaft mit el-'Abbâsí. Jetzt befahl ihm der Statthalter hinaus-

zugehen und mit den anderen zu beten, er that es mit einiger Besorgniss für sich selbst und sprach: O Gott! diese deine Verehrer haben einen guten Glauben von mir, lass mich vor ihnen nicht zu Schanden werden! Im Augenblick fing es an zu regnen, sie kehrten in die Stadt zurück von der Menge des Regens schon sehr belästigt und es regnete ohne Aufhören drei Tage. Hierdurch verbreitete sich sein Ruf und er konnte seine Kunst nicht länger verheimlichen, die Schüler kamen zu ihm herbei und eine unzähliche Menge wurde von ihm belehrt; auch el-Muhibbi (10) hatte das Glück an seinem Unterrichte Theil zu nehmen, seinen Segen zu empfangen und mit seinen geheimen Lehren beschenkt zu werden. Nachmals zog er sich aus dem Umgange mit anderen zurück, Geschenke von hohen Personen, die zu ihm kamen, nahm er nicht an und erwiederte ihre Besuche nicht; er starb hochbetagt im J. 1076 (1665) und wurde am Paradies-Thore beerdigt, wo sein Grab wie das eines Heiligen besucht wird.

Muhammed ben Tâg ed-dîn el-Maḥâsini (99).

Muḥibballah ben Muhammed el-Muḥibbí (7).

86. Nu'mân ben Muhammed ben Muhammed el-Ìgí stammte aus Ìg einer Stadt im südlichen Persien, woher sein Vater im J. 920 nach Damascus gekommen war. Es werden dem Nu'mân mehrere Gedichte zugeschrieben, von denen aber einige sicher älter sind, die er nur gelegentlich anbrachte. Er war dadurch bekannt geworden, dass er eine grosse Menge Frauen geheirathet hatte; wenn ihm eine Frau begegnete und ihn anredete, fragte er sie, ob sie einen Mann habe; sagte sie nein, so führte er sie zu dem nächsten Richter und schloss mit ihr den Ehecontract, dann nahm er sie mit sich in sein Haus, um sich alsbald wieder von ihr zu scheiden. Er starb Sonntag Abend am vorletzten Çafar 1016 (24. Juni 1607). — Sein Sohn

87. Muhammed ben Nu'mân ben Muhammed Schams ed-dîn el-Ìgí el-Schâfi'í studirte unter Asad ed-dîn Ibn Mu'în el-Tabrîzí, el-Schams el-Minkârí (21) und Muḥibb ed-dîn (1) und wurde ein geschätzter Professor an einer der hohen Schulen in Damascus. Er schrieb eine schöne Hand mit richtiger Vocalisation, hinterliess viele Bücher und

zahlreiche Randbemerkungen und starb im Ramadhân 1039 (Mai 1629). Er war mit einer Tochter des Oberhauptes der Scherife von Damascus Husein ben Hamza verheirathet, die ihm zwei Söhne Ahmed und Jahjá gebar.

88. Ahmed ben Muhammed ben Nu'mân el-Îgí wurde von seinem Vater im Schâfi'itischen Glauben erzogen und unterrichtet, trat aber dann zum Hanefitischen Ritus über; er nahm eine Frau aus der Familie der Scherife von Muhammed ben Hamza wie sein Vater und hatte von ihr mehrere Kinder. Er versah als Stellvertreter verschiedene Richterstellen in der Umgegend von Damascus, war auch Cadhi der Pilgercarawane, erwarb ein grosses Vermögen und wurde Professor an der Traditions-Schule Ahmedia in der östlichen Kapelle der Omeijaden-Moschee und erhielt noch wenige Tage vor seinem Tode den nach Türkischer Weise in Damascus neu eingeführten Aspiranten-Gehalt. Er starb in der Nacht nach dem Opferfeste (10. Dsul-Higga) 1063 (2. Nov. 1653).

89. Jahjá ben Muhammed ben Nu'mân el-Îgí genoss den Unterricht seines Vaters und anderer berühmten Lehrer und reiste noch in jungen Jahren nach Constantinopel, nahm dort Dienste und fing an zu dociren. Er machte sich bei den Vornehmen sehr beliebt, sie kamen ihm entgegen wegen seines feinen Anstandes, bis er sich sogar mit der Tochter des Scheich el-Islâm As'ad ben Sa'd ed-dîn (geb. 978 gest. 1034) verheirathete. Das Glück war ihm immer günstig, er stieg von einer hohen Schule zur andern hinauf, bis er an die Suleimânia kam; dann wurde er zum Cadhi von Jerusalem ernannt und besuchte Damascus, wo er wegen seines leutseligen Wesens von den Gelehrten und Vornehmen mit Achtung empfangen und in Lobgedichten gefeiert wurde. Von Jerusalem wurde er als Cadhi nach Mekka versetzt, kam von dort zurück, begab sich nach Constantinopel und starb hier bald nach seiner Ankunft im J. 1066 (1656).

90. Omar ben Muhammed ben Ahmed Zein ed-dîn el-Cârí (der Vorleser) el-Schâfi'í el-Dimaschkí wurde am 13. Dsul-Ca'da 958 (12. Dec. 1551) in Damascus geboren; er hatte sehr gute Anlagen und

gewöhnte sich an eine schöne Bücher- und Zier-Schrift, die damals beliebte Ḥarastânî, welche der Scheich Muhammed el-Ḥarastânî, aus dem etwas über eine Meile von Damascus zwischen Gärten gelegenen volkreichen Dorfe Ḥarastân, eingeführt hatte. Er hörte die Vorlesungen über Arabische Sprache und Interpretirkunst bei el-'Imâd el-Ḥanefî, die *Principia juris* bei Abul-Fidâ Ismâ'îl el-Nâbulusî (11) und über die einzelnen juristischen Fächer bei el-Nûr el-Nasafî und anderen; Rechnen lernte er bei dem Scheich Muhammed el-Tannûrî el-Meidânî. Astronomie bei dem Scheich Abd el-malik el-Bagdâdi und das Diplom für den Unterricht in den Traditionen erhielt er von Badr ed-dîn el-Gazzî und Schihâb ed-dîn Ahmed ben Ahmed el-Ṭajjibî, den er zu seinen besten Lehrern zählte. Bei diesem war er einst in der Vorlesung in dessen kleinen Hofe links vom Eingange des Thores Geirûn, als ein Mann eintrat, den Scheich grüsste und ihm Geschenke aus Constantinopel überbrachte, darunter eine Anzahl Kämme, welche er unter seine Zuhörer vertheilte, nur Omar bekam keinen. Da fragte ein Mitschüler: Meister, warum ziehst du einige vor und übergehst andere? Jetzt wandte der Scheich den Blick nach Omar hin, der ein schöner junger Mann war und sah wie dessen Bart vollständig vorhanden war, schon drei Jahre war das Haar an den Backen gewachsen; nun beschenkte er ihn ebenfalls und fragte, wie lange er schon einen Bart trüge; er erwiederte: seit drei Jahren ist er gewachsen; in der ganzen Zeit hatte er aus Ehrfurcht den Kopf nicht erhoben, sodass der Lehrer den Bart nicht bemerkt hatte. — Omar erhielt die Professur an der Schâmia-Gawwânia, hatte auch eine Ecke zu Vorlesungen in der Omeijaden-Moschee und gelangte zu grosser Berühmtheit und zu grossem Wohlstande durch die Geschenke und Legate, welche ihm zugesandt wurden. Unter seinen Schülern zeichneten sich aus Ahmed ben Schâhîn (53), Ismâ'îl el-Nâbulusî der jüngere (13), Abd el-wahhâb el-Furfûrî (49), Muhammed ben Ḥamza el-Nakîb u. A. Der gelehrte Hasan el-Bûrînî (G. 551), welcher mit Omar auf dem Fusse stand wie zwei Gegner, die sich aus dem Wege zu gehen suchen, äusserte einmal, Omar stehe zwischen zwei Schwachköpfen, womit er andeuten wollte, dass sein Vater kein wissenschaftlich gebildeter Mann gewesen und sein Sohn 'Alí Soldat geworden sei. Ein andermal sagte er: Jetzt habe ich das Ziel meiner Wünsche erreicht; er meinte nämlich, dass er jenen an Ruhm und Ehre überholt habe. Omar starb Donnerstag d. 30. Gumâdá I. 1046 (30. Oct. 1636) und wurde auf dem Begräbnisplatze am kleinen Thore beerdigt.

91. Ramadhân ben Mûsá ben Muhammed ben Ahmed Ibn 'Atîf el-Dimaschkí el-Hanefí wurde im Ramadhân 1019 (Nov. 1610) geboren und von den berühmtesten Lehrern in Damascus unterrichtet, wie Ramadhân el-'Akkârí (93), Abd el-rahman el-'Imâdí (35) und Muçtafá ben Muhibb ed-dîn (27); die Traditionen hörte er bei el-Nagm el-Gazzí (G. 569) und Gars ed-dîn el-Chalîlí († 1057). Er war ein ausgezeichneter Kenner der alten Gedichte und Schlachttage der Araber, der Geschichte der Könige und Dichter und hielt seine Vorlesungen Zeit seines Lebens in der Moschee el-Sinânia und Derwîschia, wo er eine Menge von Zuhörern hatte, unter ihnen el-Muhibbí (10). Er schrieb sehr viele Bücher ab oder sammelte die schönsten Stellen daraus und verfasste ausser einer Lebensbeschreibung des Muçtafá el-Muhibbí (27) auch eigene Aufsätze und Abhandlungen. Mit Ibrâhîm el-Chijârí (Ç. 212) stand er in lebhaftem Briefwechsel und dieser hat manches von ihm in seine Reisebeschreibung aufgenommen. Er starb Donnerstag d. 10. Gumâdá II. 1095 (25. Mai 1684). — Sein Bruder

92. Hasan ben Mûsá Ibn 'Atîf el-Hanefí wurde im J. 1020 (1611) geboren, lernte Arabisch bei Muçtafá ben Muhibb ed-dîn (27) u. A. und erhielt den Unterricht in den juristischen Wissenschaften von seinem Vater und von Ramadhân el-'Akkârí (93). Er hatte eine angenehme Stimme, wurde Prediger an der Moschee el-'Addâs ausserhalb Damascus in dem Quartier der Canäle und hielt ebenso gewissenhaft wie sein Bruder die Unterrichtsstunden, die sie unter keinen Umständen versäumten. Indess erlitt er einen Schlaganfall und konnte die letzten sieben Jahre seines Lebens nicht mehr unter Menschen erscheinen, man hörte ihn nur noch Allah! Allah! sprechen; er blieb gelähmt, bis er Dienstag d. 13. Gumâdá II. 1094 (9. Juni 1683) starb und am kleinen Thore nahe bei der Moschee el-Nâring begraben wurde.

93. Ramadhân ben Abd el-ḥakk el-'Akkârí el-Ḥanefí wurde im J. 984 (1576) in Damascus geboren und hörte die Traditionen bei dem grossen Traditionslehrer Muhammed ben Muhammed ben Dâwûd aus Jerusalem (geb. 942 gest. 1006), der sich in Damascus niedergelassen hatte, die Rechtswissenschaften bei dem Ḥanefiten Scheich Muhammed ben 'Alí el-Macdisí el-'Ilmí († 1018), Philosophie und Arabisch bei Abu Bekr el-Sindí († 1018). Er erhielt die Predigerstelle an der Moschee des Sinân Pascha vor dem Thore el-Gâlia, lehrte in der grossen Dhâhiria und stieg in Damascus zu den höchsten Ehrenstellen empor, sodass er noch bei Lebzeiten des Mufti Abd el-rahman el-'Imâdí (35) dessen Amt versah. Als dessen Nachfolger Muhammed ben Cubâd el-Sakûtí (73) im J. 1053 starb, wollte der damalige Statthalter von Damascus den Ramadhân zum Mufti erheben, der Ober-Cadhi Dâwûd ben Bâjazid dagegen ernannte dazu den 'Imâd ed-dîn el-'Imâdí (36), welcher von Seiten der Regierung bestätigt wurde. Ramadhân verlor dadurch nichts von seinem Ansehen und liess sich auch ferner die Verbreitung der Kenntnisse und Wissenschaften angelegen sein und seine Vorzüge wurden allgemein anerkannt. Er schrieb eine schöne Handschrift und verstand das Türkische vollkommen; er verfasste eine Anweisung zum guten Stil und machte einige Gedichte. Zweimal unternahm er die Pilgerreise, von der zweiten im J. 1055 kam er durch Fieber geschwächt zurück, er verliess seine Wohnung nicht mehr und starb in der Nacht auf den Dienstag d. 15. Rabí' II[1]) 1056 (1. Juni 1646).

Salâma Muḥibb ed-dîn el-Muḥibbí (25).

Sa'ûdí ben Muhammed ben Muhammed el-Gazzí (96).

94. Scharaf ed-dîn el-Dimaschkí el-Schâfi'í ein vielseitig und gründlich gebildeter Gelehrter wurde Repetent für die Vorlesungen über die Traditionen, welche der Scheich el-Schams Muhammed el-Meidâní (84), der ihn sehr schätzte, unter der Adler-Kuppel zu halten pflegte; wegen Erkrankung musste er diese Stelle aufgeben und sammelte nachher einen Kreis von Zuhörern um sich in der Moschee des

1) Der 15. Rabí' I fiel in dem Jahre auf einen Dienstag.

Hischâm am Markte Gakmak, wo er öffentliche Vorlesungen hielt. Wiewohl er in der Metrik so gut bewandert war, dass er für einen zweiten Chalîl gelten konnte, und auch Gedichte auf die anerkannt beste Weise vorzutragen verstand, so ist doch nicht bekannt, dass er auch nur einen Vers selbst gedichtet habe. Sein Schüler el-Nagm el-Faradhí (79) ertheilt ihm das grösste Lob und er starb Mittwoch den letzten Ramadhân 1038 (23. Mai 1629).

Schihâb ed-dîn ben Abd el-rahman el-'Imâdí (37).

95. Abul-Ṭajjib ben Muhammed ben Muhammed el-Gazzí el-'Âmirí el-Schâfi'í. Sohn des Nagm ed-dîn Muhammed el-Gazzí (G. 569), welcher sein Geschlecht aus der alten Arabischen Tribus 'Âmir ben Luweij ben Gâlib ableitete, wurde in Damascus geboren, erhielt den Unterricht in den Rechtswissenschaften besonders bei Muhibb ed-dîn (1) und el-Schihâb Ahmed el-'Aithâwí (42) und reiste ums Jahr 1000 (1592) nach Câhira um dort seine Studien fortzusetzen. Nach seiner Rückkehr erhielt er die Professur an der Schâfi'itischen hohen Schule Caçâ'ija, wurde aber im J. 1015 entlassen, weil er die schwarze Krankheit bekam. Er schied sich von seiner Frau, vertheilte seine Kleider unter mehrere seiner Freunde und beschäftigte sich seitdem viel mit Abschreiben von Büchern, da er eine wundervoll schöne Hand schrieb. So hat er unter anderen den grossen Commentar zum Coran *Directio sanae mentis* des Abul-Surûr Muhammed el-'Imâdí († 982. Hagi 485) äusserst zierlich fehlerfrei und ohne Correctur abgeschrieben. In seiner traurigen Lage, die er mit Gelassenheit ertrug, machte er noch schöne Gedichte und starb im Rabí' I. 1042 (Sept. 1632) und wurde neben dem Scheich Arslân begraben. — Sein Bruder

96. Sa'ûdí ben Muhammed ben Muhammed el-Gazzí el-'Âmirí el-Schâfi'í wurde in Damascus im J. 998 (1588) geboren und gehörte zu einer der gelehrtesten und angesehensten Familien daselbst, da sein Vater (G. 569) und sein Grossvater Muftis gewesen waren. Er hatte den Unterricht in den Rechtswissenschaften und Traditionen von seinem mütterlichen Grossvater el-Schihâb Ahmed el-'Aithâwí (42) und von seinem Vater erhalten und begleitete den letzteren im J. 1014 auf der

Wallfahrt und im J. 1033 nach Constantinopel. Während der Abwesenheit seines Vaters auf der Wallfahrt im J. 1047 vertrat ihn Sa'ûdí als Mufti der Schâfi'iten, zeigte, dass er dazu vollkommen befähigt war und erndtete allgemeines Lob. Er wurde aber nicht gleich dessen Nachfolger, als er im J. 1061 starb, sondern erhielt dafür die Professur an der Schâmia-barrânia und an dem Platze für die Vorlesungen über Traditionen unter der Adler-Kuppel in der Omeijaden-Moschee und fuhr in der Sammlung des Bochârí da fort, wo der Vater stehen geblieben war, in dem Capitel über das Beweinen der Todten; später war er auch einige Zeit ordentlicher Mufti der Schâfi'iten. Er war im Umgange sehr liebenswürdig und in der Unterhaltung angenehm, die er immer mit klassischen Stellen aus den Dichtern zu würzen wusste. Er starb in der Mitte des Dsul-Ca'da 1071 (12. Juli 1661) und wurde bei seinen Vätern nahe bei dem Monument des Scheich Arslân begraben.

97. **Tâg ed-dîn** ben Ahmed gen. **el-Maḥâsiní** geb. zu Damascus im J. 990 (1582) erhielt eine wissenschaftliche Bildung, widmete sich aber dem Kaufmannsstande, machte Handelsreisen nach Constantinopel, Ägypten und Ḥigâz, stand bei den Geschäftsleuten in grossem Ansehen und erwarb ein bedeutendes Vermögen, wurde jedoch den gelehrten Studien nicht ganz entfremdet und hat auch Gedichte gemacht, die von natürlichen Anlagen zeugen, wiewohl sie der Kunst entbehren. Er war mit einer Tochter des Hasan el-Bûríní (G. 569) verheirathet und starb am 24. Scha'bân 1060 (22. Aug. 1650). — Sein Bruder Abul-Çafâ scheint in Câhira gelebt zu haben (98). — Sein ältester Sohn

98. **Abd el-rahîm** ben Tâg ed-dîn ben Ahmed **Ibn Maḥâsin** el-Ḥanefí wurde in Damascus im J. 1010 (1601) geboren und zeichnete sich schon in früher Jugend durch vielseitige Kenntnisse, ein starkes Gedächtniss und äussere Schönheit aus. Der Vater nahm ihn mit sich nach Câhira und er studirte hier die Rechte bei dem Scheich Abd el-câdir ben Othmân el-Ṭûrí Mufti der Hanefiten († nach 1026) und bei Muhammed el-Muḥibbí el-Miçrí († 1041); wenn er bei dem letzteren in den Zuhörerkreis eintrat, hiess er ihn hinter ihm Platz zu nehmen, so dass sie sich gegenseitig den Rücken zukehrten; er that dies, um

sein schönes Gesicht den Blicken anderer zu entziehen. Ähnlich erging es dem Imâm Abu Ḥanîfa bei dem Imâm Muhammed (? ben el-Munkadir). Abd el-rahîm hatte mehrere Bücher auswendig gelernt, darunter das Geschichtswerk des Ibn Challikân; er wurde darüber mehrmals auf die Probe gestellt, zeigte aber, dass er es fest im Gedächtniss hatte. Er schrieb eine schöne Hand, war ein vortrefflicher Bogenschütz, konnte schwimmen und hatte die Persische Sprache vollkommen erlernt. Wenn er aus den Vorlesungen nach Hause kam, mischte er sich in die Spiele der Knaben und als sein Oheim Abul-Çafâ ihn fragte, ob sich das in seiner Stellung als Student für ihn schicke, antwortete er: meine Ansicht ist, dass die Jugend ihr Recht haben muss. Ähnliches wird von Abu 'Alí Ibn Sînâ erzählt. Leider starb er im J. 1027 (1618) an der Pest. — Der zweite Sohn

99. Muhammed ben Tâg ed-dîn ben Ahmed el-Maḥâsiní el-Ḥanefí, im J. 1012 (1603) in Damascus geboren, war der berühmteste aus dieser Familie. Bei dem grossen Vermögen seines Vaters wuchs er in den glänzendsten Verhältnissen auf, bekam alles was er an Geld und Sachen nöthig hatte und erhielt den Unterricht der besten Lehrer, wie el-Scharaf el-Dimaschkí (94), Abd el-laṭîf el-Ġâlikí (34), Abd el-rahman el-'Imâdí (35), el-Ġamal el-Fatḥí (63), Omar el-Câri (90), el-Nagm el-Gazzi (G. 569) und Abul-'Abbâs el-Makkarí (G. 559). Hierauf reiste er mit seinem Vater nach Constantinopel, wo er noch mehrere Gelehrte hörte, wie el-Schams Muhammed el-Muḥibbí[1], und nach seiner Rückkehr im J. 1038 wurde ihm zu Vorlesungen in der Omeijaden-Moschee die Abtheilung seines eben verstorbenen Lehrers el-Scharaf (94) übertragen. Danach wurde er Prediger an der Moschee des Sultans Selîm in der Vorstadt Çâliḥia und machte sich berühmt durch den Inhalt seiner Predigten und seine klangvolle Stimme, und als sein Lehrer el-Fatḥí von dem Sultan Murâd als Hofprediger nach Constantinopel berufen wurde, erhielt el-Maḥâsiní dessen Stelle als erster Prediger an der Omeijaden-Moschee zu Damascus. Ausser in der hohen Schule

1) Ein Muḥibbí in Constantinopel wird sonst nicht erwähnt.

Gauharia hielt er nun auch Vorlesungen in dieser Moschee fast Tag und Nacht, besonders in den drei Monaten Rağab, Scha'bân und Ramadhân und las die Traditions-Sammlung des Muslim, worüber er auch Anmerkungen geschrieben hat. — Anfangs wohnte er in dem Hause seines mütterlichen Grossvaters Hasan el-Bûrînî, dann vermachte ihm ein Mann Namens Çanğakdâr ein Haus der grossen 'Âdilia gegenüber, welches er bezog; erst nach dem Tode seines Vaters im J. 1060 zog er in dessen Haus am Paradies-Thore. Nach einer Reise nach Constantinopel im J. 1050 war er mit der Verwaltung der Omeijaden-Moschee betraut und zweimal hatte er die Vertheilung des Soldes für die Truppen gehabt; nach dem Tode des Schihâb ed-dîn Ahmed ben Jaḥjá el-Bahnasí Mitte Ğumâdá II. 1056 wurde ihm die Hälfte der Predigerstelle an der Omeijaden-Moschee verliehen und als sein Lehrer el-Fatḥí noch in demselben Jahre starb, erhielt er die Stelle ganz. Wie er im J. 1071 die Professur der Traditionen unter der Adler-Kuppel in der Omeijaden-Moschee bekam, ist oben (19) erwähnt; die mit dieser Stelle verbundene Einnahme war erst nach dem J. 1050 neu gestiftet durch Bahrâm Aga den Hausmeister der Mutter des Sultans Ibrâhîm; er errichtete zu diesem Zweck einen neuen Marktplatz mit einem Logirhause in der Nähe des Thores Ğâbia und bestimmte von den Einnahmen jährlich 60 Thaler für den Professor, 30 für den Repetenten und 10 für den Lector. el-Maḥâsin lehrte mit vielem Beifall und Nutzen, zu seinen Schülern gehörten Muhammed ben 'Alí el-Ḥaçkafí (69), Ibrâhîm el-Fattâl (61) u. A. Er starb Mittwoch Abend d. 1. Scha'bân 1072 (22. März 1662) und wurde am Paradies-Thore in der Nähe seines Grossvaters Bûrînî begraben; Abd el-ganî el-Nâbulusí (12) hat ihm eine lange Trauerode gewidmet. — Ein dritter Sohn

100. Ismâ'îl ben Tâğ ed-dîn el-Maḥâsiní war Prediger an einer Moschee zu Damascus.

101. Jaḥjá ben Abul-Çafâ ben Ahmed el-Maḥâsiní el-Ḥanefí hatte seine Studien unter den berühmtesten Lehrern gemacht, besonders unter Abd el-rahman el-'Imâdí (35) und Júsuf el-Fatḥí (63) und als Abul-'Abbâs el-Makkarí (G. 559) nach Damascus kam, schloss er sich

ihm an, folgte ihm wie der Schatten dem Körper und hörte von ihm seltene schöne Ansichten und Gedanken; es gab davon eine Sammlung, die er nach seinen Dictaten ihm nachgeschrieben hatte. Nachdem ihm Abu Bekr el-Magribí (58) die Professur an der Gazzâlia hatte abtreten müssen, lehrte er an derselben und führte ein bequemes, zufriedenes Leben, indess erreichte er kein hohes Alter, denn plötzlich raffte ihn der Tod dahin im J. 1053 (1643).

102. Zakarijâ ben Beirâm wurde in Ankyra geboren, erhielt hier den ersten Unterricht und kam dann zum Studiren nach Constantinopel, wo besonders Abd el-bâkî gen. 'Arab zâdeh sein Lehrer war. Hierauf trat er in den Dienst des Emir Ma'lûl, begleitete ihn im J. 950 nach Ägypten, war bei ihm Vorleser zugleich mit 'Alí ben Gânim el-Macdisí und ging als Registrator mit ihm, als er zum Cadhi von Anatolien ernannt wurde. Er erwarb sich vielerlei gründliche Kenntnisse und schrieb einige Bücher, welche von der Schärfe seines Verstandes Zeugniss geben, wie seine Glossen über »die vollkommene Religion« und über »die Einleitung in die Rechtslehre« und andere, auch schrieb er Arabisch in gereimter Prosa mit Versen untermischt in vollendeter Form. Er lehrte in mehreren hohen Schulen in Constantinopel, bis er an die Suleimânia kam und wurde dann im J. 980 zum Ḥanefitischen Cadhi von Ḥaleb ernannt, wo er mit dem Schâfi'iten Scheich Omar ben Abd el-wahhâb el-'Ordhí († 1024) zuweilen gelehrte Disputationen hielt. Danach stieg er zu dem Range eines Cadhi el-'askar von Anatolien empor, wurde aber entlassen und kam im J. 994 nach Damascus um mit seinen beiden Söhnen Jaḥjá und Luṭfallah die Wallfahrt zu machen. Nach seiner Rückkehr nach Constantinopel wurde Zakarîjâ zum Cadhi el-'askar von Rumelien ernannt, als indess zwischen ihm und dem Grosswezir Sinân Pascha ein Streit entstand, musste er im Scha'bân 998 seine Stelle niederlegen, bis er im Rağab 1001 zum Mufti des Islamitischen Reiches erhoben wurde. Kurze Zeit nachher im Scha'bân (Mai 1593) hatte er eine Audienz bei dem Sultan Murâd III, welcher ihm einen kostbaren Ehrenmantel umhing, und indem er sich entfernte, fiel er draussen todt nieder. — Sein Sohn

103. Luṭfallah ben Zakarîjâ ben Beirâm trat in Constantinopel in die Dienste des Scheich el-Islâm Sa'd ed-dîn ben Hasan Gân und nachdem er einige Stellen bekleidet hatte, wurde er zum Cadhi von Philippopolis befördert. Er richtete sich hier zu einem dauernden Aufenthalte ein, kaufte sich Häuser, schaffte sich Diener und Sklaven an, erwarb Gärten mit Trinkhallen und Bädern, bis sich seine Dienerschaft und sein Viehstand zu einer unzähligen Menge vergrösserte; er liess eine Moschee erbauen, stiftete dafür Legate und traf viele andere wohlthätige Einrichtungen. Er blieb hier gegen 45 Jahre Cadhi mit einer zweimaligen Unterbrechung von zusammen wenig mehr als zwei Jahre, indem er dafür einmal Cadhi von Ajjûb wurde, das andere Mal seine Stelle an Abdallah gen. Bulbul zâdeh, einem intimen Freund seines Bruders Jaḥjá, abtreten musste. Luṭfallah und Bulbul zâdeh trafen sich bei einem Hochzeits- oder Beschneidungs-Festmal, wo ein Mann seine Kunststücke zeigte, und um damit vor Luṭfallah grosszuthun, befahl Bulbul zâdeh einem seiner Trabanten, dem Künstler 100 Thaler zu geben, da rief Luṭfallah einen seiner Diener und liess ihm 500 Thaler reichen, indem er zu Bulbul zâdeh sagte: Ich bin mit Gottes Hülfe in der Lage, solchen Leuten täglich die gleiche Summe geben zu können, unser einer pflegt nur nicht eine solche Grossthuerei öffentlich zu zeigen, zumal wenn es bekannt ist, dass die Mittel dazu fehlen. Er wurde für diese Äusserung entlassen, aber bald nachher wieder in sein Amt eingesetzt und zum Range eines Cadhi el-'askar von Anatolien, dann von Rumelien erhoben und starb nahezu im Jahre 1045 (1635). Sein Bruder Jaḥja (105) beauftragte den Muhammed ben Abdallah-Bûrsawí damit, seinen Nachlass zu inventarisiren, wozu er drei Jahre gebrauchte. — Sein Sohn

104. Muhammed ben Luṭfallah ben Zakarîjâ ben Beirâm gen. Scheich Muhammed el-'Izzatí[1]) wurde in Philippopolis im Çafar

1) العزتى, vermuthlich spielt das unten in dem Monogramm vorkommende Wort: 'izz auf diesen Namen an und halte ich ihn desshalb für richtiger als den auch vorkommenden العربى el-'Arabí.

1039 (Sept. 1629) geboren und da er beim Tode seines Vaters erst sieben Jahre[1]) alt war, nahm ihn sein Oheim Jahjá und dessen Frau, die keinen Sohn hatten, zu sich nach Constantinopel und gaben ihm eine ausgezeichnete Erziehung, sodass er sich durch seine Kenntnisse und seinen Anstand schon als Knabe überall beliebt machte; der Sultan Murâd erkundigte sich oft nach ihm bei seinem Oheim und machte ihm grosse Geschenke. Einmal liess ihn der Sultan zu sich rufen und gab ihm so viele Goldstücke in die Hand, dass er sie nicht alle halten konnte und einige auf die Erde fallen liess; aber er bückte sich nicht danach um sie aufzunehmen und der Sultan wunderte sich über dies bescheidene und taktvolle Benehmen. — Er trat dann Anfangs Schawwâl 1051 der Sitte gemäss in den Dienst des Sultans Ibrâhîm und nachdem sein Oheim im J. 1053 gestorben war, blieb er in dessen Hause wohnen und ihm fiel dessen ganzes Vermögen zu. Als er von dem feierlichen Begräbniss des Oheims mit dessen Verwandten zurückkam, begleitete sie sein Lehrer el-Sajjid Muhammed, und indem sie in das Haus eintraten, umarmte er ihn, drückte ihn an seine Brust, küsste ihn aufs Haupt und setzte ihn auf den Platz seines Oheims, und er ergab sich mit Geduld, Ruhe und Gottesfurcht in sein Schicksal; er war damals 18 Jahre (?) alt.

In den schönen Wissenschaften war er von seinem Oheim unterrichtet und seine weiteren Fachstudien machte er unter Ḥâmid ben Muçṭafá el-Acsarâí[2]), Ahmed gen. Dars 'âmm »öffentliche Vorlesung«, Hasan el-ṭawîl, welcher den Rang eines Cadhi el-'askar von Anatolien hatte, Muhammed el-Kurdí gen. Maulâ Tschelebí und Molla Abdallah. Dann wandte er sich an den Scheich el-Islam Abu Sa'îd ben As'ad († 1072), welcher ihn wie einen Sohn aufnahm und ihm alle Liebe und

1) Genau genommen »kaum sechs Jahre« von 1039 bis nahe an 1045, die Araber pflegen indess bei der Zählung einer solchen Reihe das erste und das letzte Jahr für voll zu rechnen; man könnte auch nach einem häufigen Fehler das Geburtsjahr in 1037 ändern, wozu die Angabe, dass er im J. 1053 achtzehn Jahr alt war, etwas besser aber auch noch nicht ganz stimmen würde.

2) Acsarâ ist die Stadt Anazarbus in Cilicien.

Zuneigung bewies; er verschaffte ihm zuerst eine Stelle an der hohen Schule seines Oheims, brachte ihn dann an eine der Acht, darauf lehrte er an der hohen Schule der Asmâ Chân, Tochter des Sultans Suleimân, von hier kam er an die Traditions-Schule, bis ihm im J. 1064 das Amt eines Cadhi von Damascus übertragen wurde; Abd el-barr el-Fajjûmí († 1071) drückte die Jahrszahl seiner Ernennung durch die Buchstaben in den Worten aus: للشام عز وشرف »für Syrien Ehre und Ruhm«. Er traf Freitag den 20. Ragab (6. Juni 1654) in Damascus ein, verwaltete sein Amt mit grosser Leutseligkeit und wurde mit Fadhlallah el-Muḥibbí (9) befreundet, welcher zu seinem Lobe eine lange Caçîde dichtete, bis er ein Jahr darauf Anfangs Ragab 1065 nach Câhira und darauf nach Brûsa versetzt wurde mit dem Range (der Einnahme) eines Cadhi von Adrianopel. Im J. 1072 kam er als Cadhi nach Constantinopel, bekleidete diese Stelle 17 Monate und hier suchte ihn Fadhlallah (9) wieder auf. — Am 18. Muḥarram 1079 (28. Juni 1668) wurde Muhammed zum Cadhi el-'askar von Anatolien ernannt, hatte im J. 1081 einen Auftrag des Sultans Muhammed in Janischehr auszuführen und kam dann als Cadhi nach Rumelien und nahm seinen Wohnsitz in Adrianopel. Hier nahm er im J. 1086 den jungen Muhammed el-Muḥibbí (10) in seinen Dienst, wurde indess im J. 1087 wegen Kränklichkeit seines Amtes enthoben und begab sich nach Constantinopel, wohin ihm Muḥibbí folgte. Er lebte hier ganz zurückgezogen und verliess seine Wohnung nur am Dienstag und Freitag, wenn er sich aber an diesen beiden Tagen auf der Strasse zeigte, kamen die angesehensten Männer von allen Seiten auf ihn zu und überhäuften ihn mit Bezeugungen ihrer Hochachtung und es verging kein Augenblick, ohne dass er angeredet und an frühere Begegnisse erinnert wurde. Seine Krankheit nahm indess zu und trat immer deutlicher hervor, er wurde vor Schwäche gekrümmt wie ein Bogen, konnte sich nur noch mit grosser Mühe bewegen und dazu kam die Gehirn-Wassersucht. Im Winter sass er in einem kleinen Zimmer, neben ihm stand ein grosses منقل Becken, auf welchem viele Kohlen brannten und im Kamin war viel Holz, er war mit vielen Decken zugedeckt und sass auf einem weichen Polster, und wenn er dann die Wärme und enge Einschliessung fühlte, so war ihm wohler. Er sollte dann zum zweiten Male Cadhi von Rumelien werden, die Regierung suchte eine Ehre darin und der Sultan besuchte ihn selbst mehrmals und bat ihn sein Gast zu sein in seinem Parke bei Ustubeh: er nahm diese Einladung an und nach aufgehobener Tafel bekleidete ihn der Sultan mit einem Mantel aus Zobelpelz. Indess die Krankheit verschlimmerte sich. Muḥibbí, welcher viel um ihn gewesen war und ihm in seiner hülflosen Lage manchen Dienst geleistet hatte, suchte ihn noch durch eine lange Caçide zu trösten und aufzuheitern, wofür er ihn aus seiner Garderobe mit einem veilchenfarbigen Mantel beschenkte; er dankte ihm dann in einer längeren Caçide für alles Gute, was er von ihm erfahren hatte, und drückte die Hoffnung aus, dass er durch seine Vermittlung bei dem Scheich el-Islâm eine Professur in Constantinopel erhalten würde. Allein Muhammed starb Sonntag d. 13. Schawwâl 1092 (26. Oct. 1681), wurde in der hohen Schule seines Grossvaters Zakarîjâ neben seinem Oheim Jaḥjá begraben und Muḥibbí reiste am folgenden Tage tief betrübt nach Damascus ab.

105. Jaḥjá ben Zakarîjâ ben Beirâm wurde im J. 969[1]) in Constantinopel geboren und studirte hier unter den besten damaligen Lehrern, bis er sich vollkommen ausgebildet hatte und sich in den Dienst des Scheich el-Islâm Muhammed ben Ma'lûl begab. Er ertheilte nun an einigen hohen Schulen in Constantinopel Unterricht und machte im J. 994 mit seinem Bruder Luṭfallah die Wallfahrt im Gefolge seines Vaters (102), welcher damals seiner Stelle als Cadhi el-'askar enthoben und nach Damascus gegangen war. Nach seiner Rückkehr stieg er von einer hohen Schule zur anderen, bis er an eine der Acht kam, und in dieser Zeit starb sein Vater. Danach lehrte er an der Prinzen-Schule Schâhzâdeh und wurde von da an die Hochschule der Sultanin, Mutter des Sultans Murâd III. in Uskudâr (Skutari) versetzt, welche

1) Im Texte steht mit Worten 999, was ich aus einer Aufzeichnung mit Ziffern ٩٩٩ für verschrieben halte anstatt ٩٦٩.

bei Lebzeiten ihrer Gründerin in grossem Rufe stand. Hierauf erfolgte seine Ernennung zum Cadhi von Ḥaleb und er kam dahin im J. 1004 an die Stelle des Ibn Ṭâschköpri, welcher in gleicher Eigenschaft nach Damascus versetzt war, aber schon im folgenden Jahre tauschte er mit diesem den Platz und kam selbst nach Damascus. An beiden Orten hatte er sein Amt aufs beste verwaltet, gleichwohl wurde er abgesetzt und reiste zunächst nach Ma'arrat el-Nu'mân in der Absicht sich nach Constantinopel zu begeben. Er hatte in Damascus viele Schulden hinterlassen und kam nach Ḥaleb um bei einem dortigen Einwohner ein Darlehen aufzunehmen, womit er seine Schulden bezahlen könnte. Er liess den Geschäftsmann zu sich kommen, klagte ihm seine bedrängte Lage, und während sie noch mit einander redeten, trat ein Bote ein, der ihm nachgereist war, mit einer Ordre von der Regierung, dass er zum Cadhi von Câhira ernannt sei und sich dahin begeben solle[1]. Er freute sich sehr darüber, gab das schon erhaltene Darlehen zurück, reiste hin und verwaltete sein Amt in gewohnter Weise. Er liess elf von seinen und seines Vaters Schülern nachkommen, von denen sechs Anstellungen als Richter erhielten, und als er in der Folge Ägypten wieder verliess, gab er jedem aus seinem Vermögen mehr, als er bisher an Einkünften bezogen hatte. Unter ihnen befand sich auch Ismâ'îl, ein Sohn seiner Schwester, welchen er als Einnehmer angestellt hatte; Jaḥjá erfuhr, dass derselbe einem Gutsverwalter ohne Grund zehn Sultania (Goldstücke) abgenommen habe. Er liess ihn zu sich rufen und er kam, als Jaḥjá eben im Bade war; er verhörte ihn und als er bekannte, befahl er ihm auf der Stelle nach Constantinopel abzureisen, es liege eben ein Schiff zur Abfahrt bereit, und so wurde Ismâ'îl aus dem Dienste entlassen.

Als Jaḥjá seines Amtes enthoben wurde, hielt er sich einige Tage in Bûlâk auf bei dem Cadhi Zein ed-dîn el-'Ibâdí, Rechnungsführer in dem Bureau der milden Stiftungen, einem angesehenen und sonst

1) Dies wird im J. 1007 gewesen sein, wo Jaḥjá schon bei dem Begräbniss des Maḥmûd el-Beilûní (64) zugegen war.

wohlwollenden Manne, der aber jetzt seinen Gast in auffallender Weise vernachlässigte. Da Jaḥjá bei ihm über die Menge Mücken klagte und sich zum Schutz ein Mückennetz ausbat, zögerte er lange ihm ein solches zukommen zu lassen. Diese unfreundliche Behandlung veranlasste Jaḥjá den Präfecten von Câhira durch einen Boten zu ersuchen zu Wasser nach Constantinopel abreisen zu dürfen; der Präfect antwortete ihm schriftlich, dass er noch einige Tage warten möchte, und während er noch schrieb, kam die Post aus Constantinopel mit der Ordre, dass Jaḥjá wieder als Cadhi eingesetzt sei; der Bote eilte ihm die Nachricht zu bringen und gleich nachher kam auch die schriftliche Anzeige. Zein el-'Ibâdí gratulirte ihm dazu und heuchelte seine grosse Freude darüber, indess Jaḥjá konnte seinen Abscheu vor ihm nicht überwinden, er entsetzte ihn seines Amtes und nahm ihm das durch dasselbe erworbene bedeutende Vermögen ab und schickte es an die Armen der Azhar-Moschee, und es wurde mit Zein so verfahren, dass er an den erlittenen Misshandlungen starb. — Jaḥjá wurde danach abberufen. reiste nach Constantinopel und wurde nach einiger Zeit nacheinander Cadhi von Brûsa, Adrianopel, Constantinopel, dann Cadhi el-'askar in Anatolien auf kurze Zeit, und begab sich nach Rumelien. Nachdem er entlassen war, erhielt er die Stelle zum zweiten Male im J. 1018. in Buchstaben فضل حق »gerechter Lohn«. In dieser Zeit liess der Grosswezir Ahmed Derwîsch Pascha einen Beamten des Diwan umbringen, und als Jaḥjá ihn nach dem Grunde fragte, antwortete er: Du hast wohl eine besondere Anhänglichkeit an ihn? Jaḥjá verliess augenblicklich die Sitzung und legte sein Amt nieder. Als der Sultan Ahmed dies erfuhr, liess er ihn zu sich kommen und fragte ihn, wesshalb er seinen Dienst verlassen habe; er erwiederte: »Das Amt eines Cadhi ist ein Vertrauensamt und der Sultan setzt den Cadhi el-'askar ein, um Beschwerden zu hören und Streitigkeiten zu schlichten, jetzt aber ist ein Mann getödtet, dessen Hinrichtung nach dem Gesetze nicht zulässig gewesen wäre, es fehlt also die Voraussetzung, unter welcher ich zum Cadhi ernannt worden bin, desshalb habe ich mein Amt niedergelegt.« Noch an demselben Tage wurde Derwîsch Pascha umgebracht und Jaḥjá, welcher sein Amt behalten musste, erfreute sich der höchsten Gunst des Sultans. Zwar wurde er nach einiger Zeit wieder entlassen, dann aber zum dritten Male eingesetzt und der Sultan Muçṭafá ernannte ihn bei seinem Regierungsantritt am 6. Ra'gab 1031 (17. Mai 1622) zum Mufti. Der Gelehrte Abd el-raḥman el-'Imâdí (35), welcher zu derselben Zeit zum Mufti von Damascus ernannt war, verfasste dazu die Verse, in denen die Buchstaben des letzten die Jahreszahl ausdrücken:

Jetzt ist Jaḥjá Mufti von Constantinopel geworden, welcher die Himmelshöhe des Ruhms, der Gelehrsamkeit und Gottesfurcht erstiegen hat.
Darum ruft der Bote des Glücks dazu als Jahrszahl:

لمولاى يحيى منصب العلم والفتوى

Mein Herr, Jaḥjá, hat die höchste Stufe der Gelehrsamkeit und des Richteramtes erreicht.

In dieser Periode liess er in der Nähe seiner Wohnung in dem Quartier, in welchem die alte Sultan Selîm Moschee liegt, eine hohe Schule erbauen; die Jahrszahl der Erbauung 1033 ist in dem Verse eines Gedichtes in den Buchstaben der Worte enthalten:

دار العلوم فيحيى العدل منشيها

Das Haus der Wissenschaften und Jaḥjá der gerechte sein Insasse.

Nachdem er einmal entlassen, aber bald wieder eingesetzt war, wurde er bei einer Militär-Revolte im Ra'gab 1041 (Jan. 1632) abgesetzt, während der Wezir Ra'gab Pascha und der Scheich el-Islâm Husein Ibn Achî sich versteckt hielten. Die Soldaten sammelten sich in grosser Anzahl bei dem Sultan Murád und schickten einen Boten zu Jaḥjá, um ihn im Namen des Sultans aufzufordern in den Diwân zu kommen, sie hatten aber die bestimmte Absicht ihn unterwegs zu ermorden. Sie sahen Muhammed Tschasmi, den Cadhi el-'askar von Anatolien, daher kommen, glaubten es sei Jaḥjá und hielten ihn an; da sie aber ihren Irrthum erkannten, liessen sie ihn frei, und dieser sandte nun sogleich einen Boten an Jaḥjá um ihn zu warnen, nicht die Hauptstrasse zu gehen. Er nahm also einen anderen Weg und als ihn der Sultan bemerkte, erkannte er, dass er eine List gebraucht habe und winkte ihm mit der Hand umzukehren, er verstand dies nicht und desshalb schickte der Sultan einen Diener ab, der ihn einliess. Die Soldaten ermordeten unterdess den Grosswezir Ḥâfidh, setzten Ra'gab Pascha an seine Stelle, machten Ibn Achí zum Mufti und damit war der Aufstand beigelegt. Der Sultan wandte sich dann an Jaḥjá und sagte: Geh' nach deinem Garten und bete fleissig für uns; wenn dein Sultan wieder Sultan wird, wie er war, so wirst auch du wieder Mufti, wie du gewesen bist. Er begab sie also nach Haus und dann nach seinem Garten bei Ṭôb Capúsi, einem der Thore von Constantinopel, und blieb dort, bis Ibn Achî im Ra'gab 1043 ermordet wurde; nun wurde Jaḥjá wieder eingesetzt und behielt seine Stelle bis an sein Ende.

Es ist kein Mufti bekannt, welcher so lange im Amt gewesen wäre und so in Gunst und Gnaden gestanden hätte wie er; schon als Cadhi von Ḥaleb und als Cadhi el-'askar war er von den Dichtern besungen, mehr noch als Mufti, und die drei Fascikel von Lobgedichten auf ihn, welche Fadhlallah (9) gesammelt hatte, bildeten nur den kleineren Theil derselben. Die Rechtsgutachten des Jaḥjá, welche von dem späteren Mufti und Scheich el-Islâm Muhammed ben Abd el-ḥalîm el-Bûrsawí (68) gesammelt wurden, sind in Abschriften weit verbreitet, und unter seinen Arabischen Gedichten findet sich eins, worin er die **Burda** des Bûçîrí in fünfzeiligen Versen umschrieben hat. Jaḥjá starb im Dsul-Ḥigga 1053 (Febr. 1644) und wurde neben seinem Vater in der von demselben gegründeten hohen Schule begraben; Muhammed 'Içmatí (75) hat diese Jahrszahl durch die Buchstaben in den Schlussworten eines kleinen Gedichtes ausgedrückt:

في جنة علية in einem erhabenen Paradiese.

Verbesserungen.

S. 19 Z. 17 1092 lies 1097.

S. 51 Z. 11 *el-Schihâb Ali* lies *el-Schihâb Ahmed*.

S. 88 Z. 5 v. u. bis S. 89 Z. 5 lies: Um diese Zeit bewarb sich Fadhlallah wieder um seine Gunst, worauf eine gnädige Antwort erfolgte mit dem Bedauern, dass er so weit von ihm entfernt sei; nun richtete Fadhlallah ein erneuertes Bittgesuch an ihn in der Form, als wenn sein Pferd spräche, ein ausgezeichnetes Thier, welches Bursawí bei seiner ersten Anwesenheit in Damascus gesehen hatte. Es war dies eine Nachahmung eines Schreibens, welches el-Wahrânî an den Emir 'Izz ed-dîn Mûsik gerichtet hatte, als wenn sein Maulesel spräche, den er mit dem am Halse hängenden Blatt Papier in dem Hofe des Emir frei laufen liess.

Reihenfolge der Gelehrten des XI. Jahrhunderts nach den Todesjahren.

Durch Cursivschrift werden die nur gelegentlich erwähnten Personen bezeichnet; bei den meisten derselben konnte zur Vervollständigung noch der Todestag angegeben werden.

1001	Ragab	Zakarîjâ b. Beirâm 102
1003		Ahmed b. Muhammed Ibn Manlâ el-Ḥaçkafí 44
1004	30. Ragab	Muhammed b. Abdallah Schams ed-dîn et-Timurtâschí 66
1004	13. Scha'bân	*Muhammed b. Othmân el-Çaliḥi el-Hilâli 32*
1004	13. Gum. I	*Muhammed b. Ahmed el-Schams el- Ramli 39. 84*
1005	27. Gum. II	*Muhammed b. Abu Bekr el-Jatîm el-'Âtiki 76*
1005	24. Schawwâl	Muhammed b. el-Câsim Ibn el-Minkâr 21
1005	Dsul-Ḥiggа	*Muhammed b. Omar Ibn Farwâz el-Dimaschki 82*
1006	3. Scha'bân	*Muhammed b. Muhammed el-Dâwûdi el-Macdisí 21. 67. 76.*
1007	Ramadhân	Maḥmûd b. Muhammed Nûr ed-dîn el-Beilûní 64
1008	24. Scha'bân	Muhammed b. Barakât el-Mauçilí el-Meidâní 70
1010		Muhammed b. Ahmed el-Schams Ibn Manlâ el-Ḥaçkafí 45

1012	19. Çafar	*Muham. b. Nagm ed-din Schams ed-dîn el-Çâlihí el-Hilâlí 52*
1014		*Husein el-Huseiní el-Chalchâlí 74*
1014		*Muhammed b. Muhammed b. Ahmed el-Marzabâní 21*
1014	14. Dsul-Ḥ.	*Mançûr Sibt Nâçir ed-dîn el-Tablâwí 40*
1015		*Abd el-wahhâb b. Ragab Tâg ed-din el-Hamawi 11*
1015	26. Gum. I.	*Çibgatallah b. Rûḥallah el-Barwâgí 35*
1015	3. Gum. II.	*Sâlim b. Muhammed Abul-Nagâ el-Sanhûrí 40. 58*
1016		*Nidhâm ed-dîn el-Sindí el-Nakischbandí 56. 57*
1016	28. Çafar	Nu'mân b. Muhammed el-Igí 86
1016	18. Rabî' I.	*Muhammed b. Ahmed el-Andalusí Ibn el-Magribí 51*
1016	20. Scha'bân	*Muhammed b. Abd el-malik el-Bagdadí 76*
1016	23. Schawwâl	Muhammed b. Abu Bekr el-Muḥibbí 1
1017	2. Rabî' II.	Abd el-rahman b. Muhammed b. Barakât el-Meidâní 71
1017	19. Schawwâl	*Muhammed b. Abd el-rahman el-Ḥamawí 60*
1018		Muhammed b. Husein el-Ḥammâmí el-'Âtikí 76
1018	3. Rabî' I.	*Abu Bekr el-Sindí el-Schâfi'í 56. 57*
1018	7. Dsul-C.	*Muhammed b. Ali el-'Alimí el-Cudsí 34*
1019	15. Çafar	*Muhammed b. Mûsá b. 'Afîf ed-dîn el-Cabûní 84*
1019	3. Rabî' I.	Jaḥjá b. Muhammed b. el-Câsim Ibn el-Minkâr 22
1020	Ragab	Muhammed b. Muhammed Nâçir ed-dîn el-Ustuwâní 16
1020	24. Scha'bân	Muhammed b. Muhammed Schams ed-dîn el-Ḥigâzí 81
1020	15. Ramadh.	Abd el-ḥakk b. Muhammed el-Ḥimçí el-Ḥigâzí 82
1021		*Çun'allah b. Ga'far Scheich el-Islâm 53*
1021		*Muhammed b. Ali Nûr ed-dîn Schabrâmallisí 40*
1022		Muhammed b. Muhammed Schams ed-dîn el-Gauchí 80
1022	21. Scha'bân	Muhammed b. Muhammed Ibn el-Furfûr 51
1023	28. Çafar	Abd el-laṭîf b. Muhammed el-Muḥibbí 2
1024	15. Scha'bân	*Omar b. Abd el-wahhâb el-'Ordhí el-Ḥalebí 64*
1025	1. Dsul-Ḥigga	Ahmed b. Jûnus Schihâb ed-dîn el-'Aithâwí 42
1026		*Abd el-câdir b. Othmân el-Ṭûrí 98*
1027		Abd el-bâkî b. Muḥibb ed-dîn Muhammed 1
1027		Abd el-rahîm b. Tâg ed-dîn Ibn el-Maḥâsin 98
1028	8. Dsul-Ḥigga	*Ahmed b. Ali el-Schanáwí el-Miçrí 39*

1030		*Fadhlallah b. Muhammed Birgili 75*
1030		Ibrâhîm b. Ahmed Ibn Manlâ el-Haçkafí 46
1030		Muhammed b. Mançûr b. Ibrâhîm el-Muḥibbí 26
1032	Ragab	Abd el-gani b. Ismâ'îl el-Nâbulusí 12
1032	Scha'bân	Abu Bekr b. Mas'ûd el-Magribí 58
1033		Hasan b. Muhammed b. Barakât el-Meidâní 72
1033	13. Dsul-Ḥ.	Muhammed b. Muhammed Schams ed-dîn el-Meidâní 84
1034	17. Gum. II.	*Idrîs b. Hasan b. Abu Numeij 53*
1034	12. Schab'ân	*As'ad b. Sa'd ed-dîn Ibn Hasan 'Gan el-Tabrîzi 27. 89*
1035		*Maḥfûdh b. Muhammed el-Gazzi el-Timurtâschi 66*
1035	30. Dsul-C.	*Muhammed Ibn el-Gazzâl el-Himçi 83*
1036		Muhammed el-amîn Ibn Çadr ed-dîn el-Schirwâní 74
1036	15. Dsul-Ḥ.	*Sa'd ed-dîn b. Muhammed el-Cubeibâti 84*
1037	11. Muḥ.	Ahmed b. Muhammed Ibn Furfûr 48
1037	9. Rabî' I.	Ahmed b. Muhammed Ibn Kûlâksiz 52
1038	Ramadhân	Scharaf ed-dîn el-Dimaschkí 94
1039	22. Çafar	Fadhlallah b. 'Îsâ el-Bosnawí 59
1039	Ramadhân	Muhammed b. Nu'mân el-Îgí 87
1040		Abd el-Karîm b. Sinân el-Munschi 33
1041		*Ibrâhîm b. Ibrâhîm b. Hasan el-Lacâní 30*
1041	8. Scha'bân	Abd el-Karîm b. Maḥmûd el-Târâní 32
1041	20. Dsul-Ḥ.	*Muhammed Schams ed-dîn el-Muḥibbí el-Miçri 39. 60*
1042		*Omar gen. Naf'i 55*
1042		Muhammed b. Abd el-câdir el-Çeidâwí el-Ḥâdî 67
1042		Fatḥallah b. Maḥmûd el-Halebí el-Beilûní 65
1042	Rabî' I.	Abul-Ṭajjib b. Muhammed el-Gazzí 95
1042	17. Rabî' I.	*Abdallah b. Maḥmûd el-'Abbâsí Maḥmûd zadeh 59*
1043	12. Muḥ	Abd el-laṭîf b. Hasan el-Gâlikí 34
1043	20. Muḥ	Ahmed b. Muhammed Schihâb ed-dîn el-Ustuwâní 17
1045		Lutfallah b. Zakarijâ b. Beirâm 103
1045	13. Gum. II.	Ahmed b. Zein ed-dîn el-Nachguwâní el-Manṭikí 55
1046	30. Gum. I.	Omar b. Muhammed Zein ed-dîn el-Cârî 90
1047	Scha'bân	*Ibrâhîm b. Muhammed el-Çâliḥi el-Akrami 84*

1047 28. Scha'bân	Muḥibballah b. Muhammed el-Muḥibbí 7	
1048	Ahmed b. Schams ed-dîn el-Ġaffûrí el-Beidhâwí 54	
1048 18. Dsul-H.	Ahmed b. Ali el-Ḥarîrí el-'Osâlí 41	
1050	Ismâ'îl b. Abd el-ḥakk el-Ḥigâzí 83	
1050 25. Schawwâl	Abd el-rahman b. Schaḥḥâdsa el-Jemeni 19	
1051 Çafar	Abul-As'ad Jûsuf b. Abul-'Aṭâ Abd el-razzâk Ibn Wafâ 62	
1051 17. Gum. I.	Abd el-rahman b. Muhammed el-'Imâdí 35	
1053	Jahjá b. Abul-Ċafâ b. Ahmed el-Maḥâsiní 101	
1053 Schawwâl	Ahmed b. Schâhîn el-Kyprosí 53	
1053 Dsul-Ḥigga	Jahjá b. Zakarîjâ b. Beirâm 105	
1055	Çâlih b. Muhammed el-Gazzi el-Timurtâschi 66	
1056	Jûsuf b. Abul-Fatḥ el-Fathí el-Sukeijifí 63	
1056 15. Rabî' II.	Ramadhân b. Abd el-ḥakk el-'Akkârí 93	
1057	Abd el-latîf b. Jahjá b. Muhammed el-Minkârí 23	
1057	Gars ed-dîn b. Muhammed el-Chalîlí 91	
1057 15. Rabî' I.	Ahmed b. Jûsuf el-Mu'îd 63	
1057 1. Dsul-C.	Abd el-gaffâr b. Jûsuf 'Gamâl ed-dîn el-'Aġami 66	
1060	Muhammed b. Abd el-bâkí el-Muḥibbí 5	
1060 Rabî' I.	Abul-Ċafâ b. Muhammed el-Ustuwâní 14	
1060 24. Scha'bân	Tâġ ed-dîn b. Ahmed el-Maḥâsiní 97	
1060 23. Dsul-C.	Ali b. Ibrâhîm 'Alâ ed-dîn el-Cabardí 57	
1061 13. Çafar	Muçṭafá b. Ahmed b. Mançûr el-Muḥibbí 27	
1061 20. Scha'bân	Jas b. Zein ed-dîn el-Ḥimçi el-'Oleimi 40	
1062 23. Gum. I.	Hasan b. Ahmed el-Ustuwâní 18	
1062 27. Dsul.-C.	Ismâ'îl b. Abd el-ganî el-Nâbulusí 13	
1063 10. Dsul-H.	Ahmed b. Muhammed b. Nu'mân el-Îġí 88	
1066	Ahmed b. Ahmed el-Schaubarí 39	
1066	Jahjá b. Muhammed b. Nu'mân el-Îġí 89	
1066 21. Ramadh.	Mançûr b. Ali el-Saṭûḥí 69	
1067	Ahmed b. Muhammed el-Cal'í el-Ḥimçí 47	
1068 15. Raġab	'Imâd ed-dîn b. Abd el-rahman el-'Imâdí 36	
1069 16. Gum. I.	Muhammed b. Ahmed Schams ed-dîn el-Schaubarí 40	
1069 29. Schawwâl	Ahmed b. Muhammed el-Kaljûbí 31	

1069	21. Ramadh.	Hasan b. 'Ammâr Abul-Ichlâç el-Schurunbulâlî 60
1070		Abd el-'azîz b. Husâm ed-din Muh. Cara Tschelebizâdeh 28
1070		*Fachr ed-dîn b. Zakarijâ el-Ma'arrî 69*
1071	1. Çafar	Ajjûb b. Ahmed Cuṭb ed-dîn el-Chalwati el-Çâliḥî 56
1071	Dsul-Ca'da	Sa'ûdî b. Muhammed el-Gazzî 96
1071	27. Dsul-H.	*Abd el-bâkî b. Abd el-bâkî Ibn Fakîh Façça 27. 31*
1071	30. Dsul-H.	*Ahmed b. Muhammed el-Caschschâschî 96*
1072	26. Muh.	Muhammed b. Ahmed el-Ustuwânî 19
1072	Çafar	Muhammed b. Abd el-laṭîf el-Muḥibbî 3
1072	1. Scha'bân	Muhammed b. Tâg ed-dîn el-Maḥâsinî 99
1072	Dsul-Ca'da	*Abu Sa'îd b. As'ad Ibn Hasan 'Gân 9. 104*
1072	Dsul-Ḥigga	Wali ed-dîn b. Ahmed el-Furfûrî 50
1073		Abd el-ḥeij b. Abd el-bâkî el-Muḥibbî 6
1073	15. Muḥ.	Abd el-wahhâb b. Ahmed el-Furfûrî 49
1074		*Maḥmûd el-Kurdî 61*
1075	27. Gum. II.	*Sulṭân b. Ahmed el-Mazzâḥî 31*
1076		Muhammed b. Omar el-'Abbâsî el-Chalwatî 85
1076	12. Çafar	Muhammed b. Fadhlallah 'Içmatî 75
1077		Muhammed b. Abul-Çafâ el-Ustuwânî 15
1077	25. 'Gum. I.	*Muhammed b. 'Alâ ed-dîn Schams ed-dîn el-Bâbilî 31. 40*
1078		*Abdallah b. Muhammed el-ṭawîl 69*
1078	20. Rabî' II.	Ibrâhîm b. Abd el-rahman el-'Imâdî 38
1078	21. Ra'gab	Schihâb ed-dîn b. Abd el-rahman el-'Imâdî 37
1078	25. Schawwâl	*Abd el-salâm b. Ibrâhîm el-Lacânî 19*
1081	Ramadhân	Abd el-câdir b. Muçṭafâ el-Çaffûrî 30
1081	27. Ramadh.	*Cheir ed-dîn b. Ahmed el-'Oleimî el-Ramlî 69*
1082	23. Gum. II.	Fadhlallah b. Muhibballah el-Muḥibbî 9
1083		*Muhammed b. Badr ed-dîn Ibn Balbân 10. 31*
1084		*Maḥmûd el-baçîr el-Çâliḥî 10*
1086	18. Dsul-C.	*Ahmed b. Ahmed el-'A'gamî el-Miçrî 60*
1087		*Muhammed Cadhi von Adrianopel u. Constantinopel 10*
1087		*Ra'gab b. Husein el-Ḥamawî 10*
1087	12. Muḥ.	*Abd el-'galil b. Muhammed Ibn Abd el-hâdî 29*

1087 18. Schawwâl *Ali b. Ali Nûr ed-dîn el-Schabrâmallisí 31*
1088 Jaḥjá b. Omar el-Minkârí 21
1088 10. Schawwâl Muhammed b. Ali 'Alâ ed-dîn el-Ḥaçkafí 69
1088 Dsul-Ca'da Muhammed b. Jaḥjá Kamâl ed-dîn el-Faradhí 78
1089 16. Dsul-H. Abd el-ḥeij b. Ahmed Ibn el-'Imâd el-'Akrí 31
1090 12. Çafar Muhammed b. Jaḥjá Na'gm ed-dîn el-Faradhí 79
1092 13. Schawwâl Muhammed b. Luṭfallah b. Zakarîjâ el-'Izzatí 104
1093 Muhammed b. Abd el-ḥâlim el-Bursawí 68
1094 10. Ramadh. *Abul-Su'ûd b. Tâ'g ed-dîn el-Kubâkibí 61*
1094 13. 'Gum. II. Hasan b. Mûsá Ibn 'Afîf 92
1095 10. 'Gum. II. Ramadhân b. Mûsá Ibn 'Afîf 91
1096 22. 'Gum. II. *Muhammed b. Ali b. Sa'd ed-dîn el-Miktabí 69*
1096 25. Ra'gab Fadhlallah b. Schihâb ed-dîn el-'Imâdí 37a
1097 17. 'Gum. II. *Husein b. Maḥmûd el-'Adawí el-Zûkârí 10*
1097 8. Ramadhân Çan'allah b. Muḥibballah el-Muḥibbí 8
1098 Dsul-Ca'da *Muçṭafá b. Abd el-ḥalîm el-Brusawí 9*
1098 17. Dsul-Ca'da Ibrâhîm b. Mançûr el-Fattâl 61
1100 *Schâhîn b. Mançûr el-Armanâwí 60*
1100 Çafar Abd el-câdir b. Bahâ ed-dîn Ibn Abd el-hâdî el-Omari 29
1100 26. Rabî' II. *Ahmed b. Muhammed el-Çafadí 10. 30*
1100 Dsul-Ḥi'gga Fadhlallah b. Ali el-Ustuwânî 20
1111 18. 'Gum. I. Muhammed b. Fadhlallah el-Muḥibbí 10

Göttingen,
Druck der Dieterichschen Univ.-Buchdruckerei
W. Fr. Kästner.